EXTRAIT

DU

RÉGLEMENT

SUR

LE SERVICE ET LES MANOEUVRES DES PONTONNIERS,

RENFERMANT LES PARTIES DE CE RÉGLEMENT QUI DOIVENT ÊTRE ENSEIGNÉES A TOUS LES CORPS DE L'ARTILLERIE;

D'après l'édition sortant de l'Imprimerie royale.

NOUVELLE ÉDITION.

A METZ, VERRONNAIS, Imprimeur-Libraire *pour les Troupes de toutes Armes*, rue des Jardins, 14.

A PARIS, ANSELIN, Libraire, rue Dauphine, 9.

1844.

EXTRAIT

DU

RÉGLEMENT

SUR

LE SERVICE ET LES MANOEUVRES

DES PONTONNIERS.

EXTRAIT

DU

RÉGLEMENT

SUR

LE SERVICE ET LES MANOEUVRES

DES PONTONNIERS,

RENFERMANT LES PARTIES DE CE RÉGLEMENT QUI DOIVENT ÊTRE ENSEIGNÉES A TOUS LES CORPS DE L'ARTILLERIE;

D'après l'édition sortant de l'Imprimerie royale.

NOUVELLE ÉDITION.

A METZ, VERRONNAIS, Imprimeur-Libraire *pour les Troupes de toutes Armes*, rue des Jardins, 14.

A PARIS, ANSELIN, Libraire, rue Dauphine, 9.

1844.

Cet Extrait du Réglement sur le service et les manœuvres des pontonniers renferme les parties de ce Réglement qui doivent être enseignées à tous les corps de l'artillerie.

Le titre I.er contient :

1.° *La nomenclature des objets employés dans les manœuvres.*

On s'est borné à faire connaître les noms des objets et de celles de leurs parties dont il est fait mention dans l'explication des manœuvres.

2.° *Les nœuds en usage dans les ponts.*

On renvoie au Réglement sur les manœuvres d'artillerie pour les nœuds dont on y trouve la description ; on explique la manière de faire les autres.

3.° *Les points d'amarrage.*

Il est utile que toutes les troupes de l'artillerie sachent composer les points de résistance les plus solides et les plus simples.

Les manœuvres de chèvre et de force que les canonniers exécutent et les travaux auxquels ils se livrent dans les arsenaux, leur donnant l'habitude de manœuvrer la plupart des machines simples, on s'est dispensé d'en donner le détail.

Le titre II renferme le chargement et le

EXTRAIT

DU

RÉGLEMENT

SUR

LE SERVICE ET LES MANOEUVRES

DES PONTONNIERS,

RENFERMANT LES PARTIES DE CE RÉGLEMENT QUI DOIVENT ÊTRE ENSEIGNÉES A TOUS LES CORPS DE L'ARTILLERIE;

D'après l'édition sortant de l'Imprimerie royale.

NOUVELLE ÉDITION.

A Metz, VERRONNAIS, Imprimeur-Libraire *pour les Troupes de toutes Armes*, rue des Jardins, 14.

A Paris, ANSELIN, Libraire, rue Dauphine, 9.

1844.

Cet Extrait du Réglement sur le service et les manœuvres des pontonniers renferme les parties de ce Réglement qui doivent être enseignées à tous les corps de l'artillerie.

Le titre I.er contient :

1.° *La nomenclature des objets employés dans les manœuvres.*

On s'est borné à faire connaître les noms des objets et de celles de leurs parties dont il est fait mention dans l'explication des manœuvres.

2.° *Les nœuds en usage dans les ponts.*

On renvoie au Réglement sur les manœuvres d'artillerie pour les nœuds dont on y trouve la description ; on explique la manière de faire les autres.

3.° *Les points d'amarrage.*

Il est utile que toutes les troupes de l'artillerie sachent composer les points de résistance les plus solides et les plus simples.

Les manœuvres de chèvre et de force que les canonniers exécutent et les travaux auxquels ils se livrent dans les arsenaux, leur donnant l'habitude de manœuvrer la plupart des machines simples, on s'est dispensé d'en donner le détail.

Le titre II renferme le chargement et le

déchargement des bateaux, nacelles et poutrelles de l'équipage de campagne, c'est-à-dire des objets qui se chargent sur les haquets.

Dans le titre III, on trouve le détail du maniement de la rame et de la gaffe, et tout ce qui regarde la conduite d'un bateau ou d'une nacelle. Le contenu de ce titre ne sera pas obligatoire pour tous les canonniers : on l'enseignera à huit hommes au moins par batterie, choisis parmi ceux qui ont déjà des notions de navigation ou qui annoncent des dispositions à devenir bateliers.

Le titre IV se compose, 1.° des manœuvres de construction et de repliement, par bateaux successifs, d'un pont de huit bateaux d'équipage ; 2.° d'un article sur la construction et le repliement des ponts de bateaux du commerce, dans lequel on fait entrer le mouillage des paniers d'ancrage et des autres corps-perdus ; 3.° des manœuvres de construction et de repliement d'un pont de douze chevalets, avec une note faisant connaître le tracé et les dimensions de toutes les parties d'un pont de cette espèce ; 4.° enfin, d'un article sur l'établissement des bacs en employant les moyens les plus simples.

EXTRAIT

DU

RÉGLEMENT

SUR

LE SERVICE ET LES MANOEUVRES DES PONTONNIERS,

RENFERMANT LES PARTIES DE CE RÉGLEMENT QUI DOIVENT ÊTRE ENSEIGNÉES A TOUS LES CORPS DE L'ARTILLERIE.

TITRE I.er

NOMENCLATURE DES OBJETS EMPLOYÉS DANS LES MANOEUVRES.

Pendant les instructions de détail, on fera connaître aux hommes la nomenclature des différentes parties du matériel, à mesure qu'ils seront dans le cas d'en faire usage pour exécuter les manœuvres.

BATEAU, *fig. I.* (Pl. I.)

On distingue dans le bateau :

ab. L'avant-bec, ou simplement l'avant.
cd. L'arrière-bec, ou simplement l'arrière.
bc. Le corps.
f. Le fond.
g. Les côtés, bordages ou flancs.

Le côté droit prend le nom de *tribord*, et le côté gauche celui de *bâbord*.

Pièces en bois.

A. Courbes.
B. Poupées.
C. Nez.
D. Ceintures.
E. Plats-bords.
F. Semelles extérieures.

Ferrures.

1. Pitons à anneau de brêlage.
2. Crochets de pontage.
3. Supports tournants.

HAQUET A BATEAU ET A NACELLE, *fig.* 2.
(Pl. II.)

L'avant-train.
L'arrière-train.

a. Brancards.
b. Traverse du bout de devant des brancards.
p. Lisoir.
q. Armons.
o. Corps d'essieu de l'avant-train.

Ferrures.

3. Arrêtoirs de poutrelles.
4. Ranchets.
37. Chaîne d'embrelage.
48. Cheville ouvrière.

RAME A BATEAU, *fig.* 3. (Pl. III.)

A. Perche.
B. Palette.

La rame qui sert à gouverner le bateau a une poignée comme la rame à nacelle.

RAME A NACELLE, *fig.* 4.

A. Poignée.
B. Perche.
C. Palette.

La rame qui sert à gouverner la nacelle porte à l'extrémité de la palette un fer à deux pointes.

GAFFE A DEUX POINTES, *fig.* 5.

A. Poignée.

B. Perche.

1. Fer, ayant deux pointes.

GAFFE A POINTE ET A CROCHET, *fig*. 6.

A. Poignée.

B. Perche.

1. Fer, ayant une pointe droite et un crochet.

TOLET POUR RAME, *fig*. 7.

TOLET POUR GOUVERNAIL, *fig*. 8.

ÉCOPE, *fig*. 9.

ESTROPE.

C'est une petite couronne de cordages que le rameur emploie pour assujétir sa rame quand il ne fait usage que d'un seul tolet.

ANCRE A JAS EN FER, *fig*. 10.

a. Verge.

b. Culasse.

c. Bras.

d. Pattes.

f. Organeau.

g. Jas.

h. Rondelle.

Les deux bras forment la croisée i.

Les angles k, formés par la verge et les bras, se nomment *aisselles*.

L'encolure l est l'endroit où la verge et les bras sont réunis.

PANIER D'ANCRAGE, *fig.* 11.

A. Panier.
B. Arbre.
C. Sa clavette en bois.
1. Son anneau à pattes.

POUTRELLE ET GUINDAGE, *fig.* 12. (Pl. IV.)

La poutrelle prend le nom de *guindage* lorsqu'on l'emploie pour assujétir les madriers sur les poutrelles.

Les poutrelles de l'équipage de campagne sont percées de deux trous a, qui servent à les assujétir sur les haquets; elles ont seize entailles b, destinées à recevoir les commandes de poutrelles. Les poutrelles de culée sont plus courtes que les autres et n'ont que huit entailles.

CORPS-MORT, *fig.* 13.

1. Crochets de pontage.

MADRIER, *fig.* 14.

Le madrier de l'équipage de campagne a quatre entailles dans lesquelles passent les commandes de guindage.

CLAMEAU A UNE FACE et CLAMEAU A DEUX FACES, *fig.* 15.

a. Corps.
b. Pointes.

BILLOTS, *fig.* 16.

Ils servent à brêler les guindages.

PIQUET, *fig.* 17.

Il y en a de trois grandeurs :

Les petits s'emploient pour fixer les corps-morts.

Les moyens servent à amarrer les traversières et les cordages d'ancres des bateaux des culées. On fixe les corps morts avec ces piquets lorsque le terrain a peu de fermeté.

Les grands piquets, qu'on appelle aussi *pieux*, servent à amarrer les cordages qui doivent éprouver une forte tension.

A. Bois.
1. Frette.
2. Sabot.

PINCE EN FER OU PIED-DE-BICHE, *fig.* 18.

a. Pointe.
b. Pied-de-biche.

CHEVALETS POUR PONTS DE CHEVALETS, *fig.* 19.

(Pl. V.)

A. Chapeau.
B. Montants ou pieds.
C. Traverses inférieures.
D. Traverses supérieures.
E. Liens.

CORDAGES

POUR LES PONTS DE BATEAU DE CAMPAGNE.

	LONGUEUR	DIAMÈTRE.
	mètres	millimètr.
Cinquenelle. Elle a une boucle à chaque bout	120.	54.
Cordage d'ancre.	80.	25.
Amarre	14.	25.
Commande de poutrelles. Elle a une boucle à l'un des bouts	4.	9.
Commande de guindage.	2. 6.	14.
——— de billot.	1. 5.	6.
Ligne de halage pour hommes.	75.	9.

NOEUDS EN USAGE DANS LES PONTS.

Ganse.	On trouve leur description dans le *Réglement sur les manœuvres de l'artillerie.*
Boucle.	
Nœud simple.	
—— simple gansé.	
—— de galère.	
—— droit.	
—— droit gansé.	
—— allemand.	
—— de batelier ou d'artificier.	

NOEUD DE TISSERAND, *fig.* 20.

Formez une ganse avec un des deux bouts de cordage; passez l'autre bout dans la ganse; faites tourner ce dernier bout autour des deux brins de la ganse, et passez-le entre la ganse et le brin introduit dans cette ganse. Serrez.

NOEUD DE POUPÉE, *fig.* 21.

Pour amarrer le cordage d'ancre à la poupée du bateau, embrassez la poupée d'un tour fait avec le bout libre que vous ramenez au-dessus du long brin; faites un second tour avec le même bout, que vous ramenez au-dessous du long brin; faites avec ce bout une boucle dont le bout libre soit en dessous; coiffez la poupée avec cette boucle. Serrez en tirant sur le brin libre.

Ce nœud diffère du nœud de batelier en ce que le cordage embrasse la poupée de trois tours.

AMARRAGE PAR DES DEMI-CLEFS, *fig.* 22.

Pour amarrer un cordage à un piquet par des demi-clefs, embrassez le piquet de deux tours du cordage et ramenez le brin libre sur le long brin; embrassez le long brin d'un tour du brin libre, que vous faites passer dans la boucle formée par ces brins ; faites une seconde demi-clef, en croisant de nouveau le brin libre sur le long brin, et le faisant ressortir de la boucle ainsi formée. Si le cordage est amarré à demeure, ficelez les deux brins réunis.

AMARRAGE EN PATE-D'OIE, *fig.* 23.

Pour amarrer un cordage à un autre déjà tendu, croisez le bout du cordage libre sur le cordage tendu ; faites avec le bout du cordage libre un tour de dessus en dessous qui embrasse le cordage tendu, et ramenez ce bout dans l'angle aigu formé par les deux cordages ; faites un second tour de la même manière ; faites avec le même bout deux demi-clefs qui embrassent le cordage tendu en dessous des deux tours déjà formés. Ficelez les deux brins réunis.

NOEUD D'ANCRE, *fig.* 24.

Pour amarrer le cordage d'ancre à l'ancre, faites passer deux fois le bout du cordage dans l'organeau, de manière à embrasser cet anneau de deux tours ; faites une demi-clef qui embrasse le long bout et le brin formant le second tour ; faites une seconde demi-clef en dessous de la première. Ficelez les deux brins réunis.

POINTS D'AMARRAGE.

Les points d'amarrage ordinairement employés sont :

Des piquets, des pieux, des pilots plantés avec une masse, avec un mouton à bras, ou avec une sonnette; des pinces en fer introduites dans des fentes de rochers ou dans des trous percés exprès pour les recevoir; des arbres, des rochers, ou des masses de terre isolées, susceptibles d'être entourées avec des cordages; des ancres arrêtées par un de leurs bras; des plates-formes chargées de terre ou de pierres; enfin, des anneaux scellés dans le roc.

Lorsqu'on amarre un cordage à un piquet, à un pieu, à un pilot, à une pince en fer ou à un arbre, on doit avoir l'attention d'embrasser cet objet le plus bas possible.

Pour isoler une masse de terre et la faire servir de point d'amarrage à un cordage qui devra être tendu à peu près horizontalement, on entoure une portion de terrain par une rigole creusée circulairement; on creuse une autre rigole en partant de la première et dans la direction suivant laquelle le cordage doit tirer. On amarre le cordage au cylindre de terre comme à un piquet. Si le terrain n'a pas beaucoup de consistance, on fera bien d'appliquer quelques bouts de planches verticalement contre le cylindre, pour empêcher que le cordage ne le coupe.

Quand on veut faire servir une ancre de point d'amarrage, on fait dans le terrain une excavation dont la longueur soit perpendiculaire à la direction qu'on voudra donner au cordage, et dont la profondeur soit égale à la longueur d'un bras de l'ancre : on doit avoir soin de couper verticalement le côté de l'excavation contre lequel la patte de l'ancre s'appuiera. On met un bout de madrier de champ contre ce côté de l'excavation. On place un bras de l'ancre contre le milieu du bout de madrier, le bec de la patte en dessous du madrier, et l'on remplit avec un ou plusieurs morceaux de bois le vide qui se trouve entre le bras de l'ancre et le bout de madrier ; on remplit l'excavation de terre ; on plante un piquet de chaque côté de la verge de l'ancre, contre le devant du bout du madrier ; on en plante deux autres contre le devant du jas ; c'est à l'organeau de l'ancre que l'on amarre le cordage. Si le cordage devait tirer de bas en haut suivant une direction inclinée, on ferait l'excavation plus profonde, et l'on creuserait une rigole à l'endroit où la verge de l'ancre doit poser, de manière que cette verge se trouve à peu près dans la direction du cordage.

Les plates-formes chargées sont de très-bons points d'amarrage, surtout lorsque le cordage doit tirer de bas en haut, verticalement ou suivant une direction inclinée. On fait une excavation dans laquelle on place, perpendiculairement à la direction suivant laquelle tirera le cordage, une pièce de bois embrassée à son milieu par une forte couronne de cordage; on met en travers sur cette pièce de bois d'autres pièces que l'on recouvre de madriers; on charge cette plate-forme avec de la terre ou avec des pierres (1). L'amarrage se fait à la couronne, dont une partie doit s'élever au-

(1) Il est essentiel de connaître la pesanteur spécifique des différentes espèces de terre, pour en conclure de combien de mètres cubes il faut en charger une plate-forme destinée à résister à un effort donné. D'après Vauban,

Le mètre cube	de terre commune pèse . . .	1450 kil.
————	de sable fort	1800
————	de sable humide.	1850
————	de terre mêlée de pierres . .	1900
————	d'argile mêlée de tuf	1950
————	de terre grasse mêlée de cailloux.	2250

Cette table suppose que la terre n'est pas remuée; en sorte qu'il faudra avoir égard au foisonnement, si l'on ne dame pas la terre dont on recouvre la plate-forme.

dessus des matières qui chargent la plate-forme. Si la nature du terrain ne permettait pas de le creuser, on établirait la plate-forme sur le sol.

Les anneaux qu'on scelle dans le roc ont un piton à deux branches que l'on fait entrer dans un trou plus étroit à l'entrée qu'au fond, après avoir logé entre les deux branches du piton un coin de fer dont la tête soit tournée vers le fond du trou. On achève de remplir le trou avec du plomb fondu, ou, à défaut de plomb, avec du soufre ou du plâtre.

TITRE II.

CHARGEMENT ET DÉCHARGEMENT DES BATEAUX, NACELLES ET POUTRELLES DE L'ÉQUIPAGE DE CAMPAGNE.

Charger les poutrelles sur un haquet.

1. Un sous-officier fera charger sept poutrelles sur un haquet par quatorze servants.

Chaque poutrelle est apportée sur l'épaule par 2 servants. Lorsqu'elle est à côté du haquet et à hauteur de la place qu'elle doit occuper sur cette voiture, ils l'élèvent, la font passer par-dessus les ranchets, et la posent sur le haquet, en faisant entrer l'arrêtoir de poutrelle dans le trou de la poutrelle.

La première poutrelle placée sera fixée par l'arrêtoir du milieu ; on en placera ensuite une de chaque côté à la fois.

Sortir le bateau de l'eau et le charger sur son haquet.

2. Un sous-officier fera exécuter cette manœuvre par 20 servants. Ils emploieront :

1 poutrelle,
1 chantier (de 1 à 2 décimètres de hauteur),
4 cales,
3 gaffes,
2 amarres,
4 commandes de poutrelles,
Madriers (leur nombre dépend de la longueur de la rampe).

La poutrelle, le chantier, les cales, une gaffe, les commandes et les madriers sont placés près du lieu du chargement ; deux gaffes et deux amarres dans le bateau.

Si la rive est escarpée, on fait une rampe de six à sept pas de largeur.

Le haquet, chargé de sept poutrelles, est amené dans la direction de la rampe, à quinze pas environ de sa crête, le timon dirigé vers la rivière.

Les servants sont formés sur deux rangs égaux, par ordre de taille, et numérotés de la droite à la gauche. Les vingt servants sont conduits derrière la voiture, à la gauche et à la droite du haquet : les premiers servants s'arrêtent à hauteur de l'essieu de l'avant-train, à un pas en dehors de l'alignement des roues; les autres servants, en file derrière les premiers, s'arrêtent à un pas l'un de l'autre : tous font face au haquet.

3. Le sous-officier commande:

Otez l'avant-train. — Préparez-vous à tirer le bateau.

Les premiers servants vont chercher une poutrelle et la placent sur les armons, contre les roues de devant, ses bouts dépassant également chaque côté du haquet; ils vont ensuite saisir le timon. Les deuxièmes calent les grandes roues devant et derrière, apportent un chantier, le couchent sous le milieu du corps d'essieu de l'avant-train, de manière que le milieu de sa longueur corresponde à la face de derrière du corps d'essieu ; le deuxième de gauche décroche la chaîne d'embrelage ; ils saisissent ensuite la volée.

Les troisièmes, quatrièmes, cinquièmes et sixièmes se placent des deux côtés de la poutrelle : les troisièmes un peu en dehors des bouts de l'essieu et en avant de la poutrelle ; les quatrièmes derrière les troisièmes, en arrière de la poutrelle ; les cinquièmes, derrière les quatrièmes et du côté des troisièmes ; les sixièmes, derrière les cinquièmes et du côté des quatrièmes : tous font face au haquet. Ils appliquent la poutrelle sous la traverse du bout de devant des brancards, et placent l'épaule sous la poutrelle.

Ferme.

4. Les servants qui agissent à la poutrelle la soulèvent jusqu'à ce que la cheville ouvrière soit dégagée de son logement ; alors, les premiers et deuxièmes servants font avancer l'avant-train et le mettent de côté.

1. *A bras.*
2. *Posez.*

5. Au premier commandement, les servants de la poutrelle la descendent sur les bras.

Au deuxième, ils laissent poser le lisoir sur le chantier et posent leur poutrelle à terre.

Les douze servants employés à ôter l'avant-train vont ensuite aider à tirer le bateau à terre.

Pendant que l'on ôte l'avant-train, les septièmes, huitièmes et neuvièmes servants vont chercher des madriers dont ils forment deux files éloignées d'un mètre l'une de l'autre, partant de la rivière et se prolongeant le long de la rampe jusqu'au haquet. Les dixièmes servants amènent le bateau au pied de la rampe, fixent une amarre à chaque poupée de l'avant, jettent à terre les bouts libres de ces cordages, et font avancer l'avant-bec du bateau sur les files de madriers.

Aux amarres.

6. Les neuvièmes servants saisissent les amarres et les déploient. Tous les autres servants disponibles se portent aux amarres, dans l'ordre de leurs numéros, à partir du bateau, et les tendent sans effort.

Ferme.

7. Les servants tirent sur les amarres; les dixièmes sautent à terre aussitôt que le bateau est sorti de l'eau, et vont tirer sur les amarres.

8. Le bateau étant arrivé près du haquet, le sous-officier commande :

1. *Halte.*
2. *Otez les amarres.*
3. *Redressez le bateau.*

Au premier commandement, les servants cessent de tirer sur les amarres.

Au deuxième, les premiers servants détachent les cordages des poupées.

Au troisième, les servants se portent le long des côtés du bateau, et le font mouvoir dans le sens indiqué par le chef de la manœuvre, de manière à le placer exactement dans la direction du haquet.

Préparez-vous à charger le bateau.

9. Le dixième servant du côté où est le dépôt des agrès prend une gaffe et la place, comme rouleau, en travers sur les brancards du haquet, derrière et contre les ranchets de devant ; il s'arme, ainsi que l'autre dixième servant, d'un levier. Les premiers servants se portent derrière le nez de l'arrière du bateau ; les deuxièmes se placent près des poupées de l'arrière ; les autres servants se placent le long des côtés du bateau. Tous, excepté les dixièmes, se préparent à faire avancer le bateau sur son haquet, les premiers et deuxièmes en pous-

sant contre le nez et les poupées, les autres en agissant aux deux côtés du bateau.

Ferme.

10. Les servants font monter le bateau sur son haquet. Lorsque les pitons à anneaux de brêlage de l'avant et de l'arrière du bateau sont respectivement à égale distance des ranchets de derrière et de devant du haquet, le sous-officier commande :

Halte.

11. Les dixièmes servants embarrent avec leurs leviers sous le fond du bateau, en prenant les grandes roues pour points d'appui, afin de dégager la gaffe que le sous-officier fait ôter par un des servants.

Amenez l'avant-train. — A la poutrelle.

12. Les premiers et deuxièmes servants amènent devant le haquet son avant-train et se tiennent prêts à le faire reculer. Les seize autres servants se placent, chacun de son côté, aux deux bouts de la poutrelle, dans l'ordre de leurs numéros, à partir du bateau ; les troisièmes, cinquièmes, septièmes et neuvièmes, en avant de la poutrelle, faisant face en arrière ; les quatrièmes, sixièmes, huitièmes et dixièmes,

en arrière de la poutrelle, face en avant. Les troisièmes servants ont l'attention de s'éloigner assez du bateau pour n'être pas touchés par l'essieu de l'avant-train.

1. *A bras.*
2. *Ferme.*
3. *A l'épaule.*

13. Au premier commandement, les servants se baissent et saisissent la poutrelle avec les deux mains.

Au deuxième, ils la soulèvent, se dressent et la posent sur les bras.

Au troisième, ils la mettent sur l'épaule, en faisant face au bateau. Les premiers et deuxièmes servants reculent l'avant-train et placent la cheville ouvrière sous son logement. Lorsqu'elle s'y trouve, le sous-officier commande :

Posez.

Les servants de la poutrelle laissent descendre doucement le haquet sur son avant-train.

Brêlez le bateau.

14. Les premiers servants ôtent la poutrelle; le deuxième de gauche accroche la chaîne d'embrêlage; les deux seconds ôtent le chantier et décalent les roues; les troi-

sièmes et quatrièmes prennent chacun une commande de poutrelle et brêlent le bateau ; les troisièmes brêlent à l'avant de la voiture, et les quatrièmes à l'arrière. Pou brêler, le servant attache sa commande au ranchet par un nœud coulant ; il passe ce cordage dans l'anneau de brêlage du bateau et dans l'anneau du ranchet autant de fois que la longueur du cordage le permet, et termine par au moins deux demi-clefs qui embrassent tous les brins de la commande près de l'anneau.

Décharger le bateau de dessus son haquet et le lancer à l'eau.

15. Un sous-officier fera exécuter cette manœuvre par vingt servants. Ils emploieront :

1	poutrelle.	Les gaffes dans le bateau, les autres objets près du lieu du déchargement.
1	chantier.	
4	cales.	
2	gaffes.	
2	amarres.	
»	madriers.	

Si la rive est escarpée, on fera une rampe de six à sept pas de largeur.

Le haquet, chargé de sept poutrelles et

du bateau, est amené dans la position indiquée n. 2; les servants sont rangés des deux côtés du haquet, comme il est expliqué même numéro.

Préparez-vous à décharger le bateau.

16. Les premiers et deuxièmes servants exécutent ce qui est dit au n.° 3; les troisièmes et quatrièmes débrêlent le bateau en détachant les commandes fixées aux ranchets de devant et de derrière et aux anneaux de brêlage du bateau; les autres servants forment deux files de madriers, comme il est expliqué au n.° 5.

A la poutrelle.

17. Les premiers et deuxièmes servants se préparent à emmener l'avant-train; les seize autres se placent aux deux bouts de la poutrelle, dans l'ordre indiqué, et dans la position prescrite n.° 3.

Ferme.
A bras.
Posez.

18. Ces commandements sont exécutés comme il est dit n.os 4 et 5.

Au bateau.

19. Tous les servants se portent le long

du bateau, en se rapprochant le plus possible du nez de l'arrière, et saisissent les côtés du bateau.

Ferme.

20. Ils agissent avec force pour faire descendre le bateau de dessus son haquet. Le sous-officier commande :

Halte,

lorsque le bateau ne pose plus sur le haquet.

Fixez les amarres.

21. Les dixièmes servants fixent une amarre à chaque poupée de l'avant et la déploient en arrière ; les neuvièmes saisissent ces cordages et les tendent sans effort ; les seize autres servants se répartissent le long des côtés du bateau.

Lancez le bateau.

22. Les servants qui ont saisi les côtés du bateau font effort pour le faire avancer vers la rivière et le lancer à l'eau. Les dixièmes s'embarquent un peu avant que le bateau n'entre dans la rivière, et prennent des gaffes pour le conduire. Les neuvièmes tendent convenablement les amarres pour empêcher que le bateau ne s'éloigne trop de la rive lorsqu'il est lancé ; ils abandonnent ensuite

ces cordages. Les dixièmes rentrent les amarres dans le bateau, et le conduisent à l'endroit désigné par le chef de la manœuvre.

Amenez l'avant-train. — A la poutrelle.
A bras.
Ferme.
A l'épaule.
Posez.

23. Ces commandements s'exécutent comme il est dit n.os 12 et 13. Les premiers servants se conforment à ce qui leur est prescrit n.° 14.

Décharger les poutrelles.

24. Un sous-officier fera décharger les sept poutrelles de dessus un haquet par quatorze servants.

Chaque poutrelle est enlevée par deux servants, qui la font passer au-dessus des ranchets, et la portent sur l'épaule au dépôt des poutrelles.

Chargement et déchargement de la nacelle.

25. Les manœuvres de chargement et de déchargement de la nacelle sont analogues à celles du bateau.

OBSERVATIONS SUR LES MANOEUVRES DE CHARGEMENT ET DE DÉCHARGEMENT DU BATEAU.

26. Au lieu de la poutrelle qui sert à ôter et à remettre l'avant-train du haquet, on emploierait avantageusement une pièce de bois ronde ou dont les arêtes seraient arrondies.

La gaffe que l'on place sur les brancards pour charger le bateau facilite cette manœuvre; mais on peut s'en passer, et dans ce cas il ne faut plus de leviers.

Quand le terrain est ferme et uni, on peut se dispenser de former des files de madriers sur la rampe, lorsqu'elle n'est pas longue.

Si les haquets à charger ou à décharger sont attelés, les premiers servants dirigeront les chevaux pour faire exécuter à l'avant-train les mouvements prescrits dans les manœuvres.

On peut employer des chevaux au lieu d'hommes pour tirer sur les amarres et sortir les bateaux de l'eau.

Lorsqu'on charge un équipage de bateaux, on emmène les voitures à mesure qu'elles ont reçu leur bateau, et le brêlage du bateau sur le haquet est exécuté hors du lieu de la manœuvre par des pontonniers spécialement chargés de cette opération. On débrêle aussi d'avance les bateaux à décharger. Un détachement particulier amène successivement les bateaux à charger au pied de la rampe, ou conduit ceux qui sont déchargés au dépôt des bateaux.

Manière d'empiler les poutrelles et les madriers.

27. Lorsqu'on décharge les voitures d'un équipage, un sous-officier fait empiler comme il suit les poutrelles et les madriers.

Pour former une pile de poutrelles, on établit à terre deux chantiers de niveau, à six pas environ l'un de l'autre (et parallèles à la rivière, si le déchargement se fait pour construire un pont) ; sur ces chantiers, on met un rang de poutrelles, et sur les poutrelles deux madriers en travers correspondant aux chantiers ; on pose un second rang de poutrelles sur ces madriers, et l'on continue à empiler les poutrelles en rangs séparés par deux madriers. La pile ne doit avoir qu'un mètre et demi au plus de hauteur. On range à part les poutrelles de culées. Le sous-officier veille à ce que les extrémités des poutrelles soient dans un même plan.

Pour faire une pile de madriers, on établit trois chantiers de niveau, sur lesquels on met un rang de madriers, éloignés d'environ cinq centimètres l'un de l'autre et formant un carré. On met sur ce premier rang un second rang de madriers croisant ceux du premier; on continue d'empiler ainsi par rangs croisés. La pile ne doit avoir qu'un mètre et demi au plus de hauteur.

TITRE III.

NAVIGATION DES BATEAUX ET NACELLES.

Exercice de la rame à bateau d'équipage.

1. L'instructeur fait placer le rameur à tribord (ou à bâbord), à hauteur des tolets, face à l'arrière, le corps droit, les talons à même hauteur; couche une rame sur le fond du corps du bateau, le long du bordage près duquel l'homme est placé, la palette tournée vers l'avant ou l'arrière, selon que l'homme devra ramer à l'arrière ou à l'avant, et commande ensuite :

Tribord (ou *Bâbord*). — *Dressez vos rames.*

2. A ce commandement, le rameur va saisir la rame, la dresse d'aplomb vis-à-vis le milieu du corps, la poignée appuyée sur le fond du bateau, la palette tournée vers l'avant; tient la rame des deux mains, la main de son bord à hauteur de la poitrine, l'autre main à trois décimètres au-dessous. Dans cette position, il a le corps droit et face à l'arrière, la pointe des pieds à hauteur des tolets.

Lorsque la rame devra être fixée au plat-bord par une estrope et un tolet, le rameur soutiendra l'estrope qui entoure sa rame, avec la main de son bord, à hauteur de la poitrine.

3. Le rameur étant dans cette position, l'instructeur commande :

Tribord (ou *Bâbord*). — *Préparez-vous à ramer.*

Le rameur renverse sa rame, sans la plonger, et la place entre les tolets; s'éloigne de son bord en glissant la main opposée jusqu'à l'extrémité de la poignée de la rame, et l'autre main jusqu'à deux décimètres environ de la première, et se fend en arrière de la jambe de son bord, d'environ cinq décimètres.

Si l'on se sert d'estrope, il renverse sa rame et la place contre le tolet, du côté de l'avant; il coiffe le tolet avec l'estrope que la main de son bord n'a pas quittée, de manière que cette estrope passe au-dessus de la rame en dehors du tolet, puis en dedans du tolet et sous la rame.

Dans cette position, la rame doit être horizontale et perpendiculaire à la longueur du bateau, la palette verticale, les deux tiers de la rame en dehors du bateau. Le rameur, placé à hauteur de la poignée, la tient près de son extrémité avec la main opposée à son bord, l'autre main à environ deux décimètres de la première, les ongles des deux mains en dessous; il a la pointe du pied opposé à son bord à hauteur des tolets, le pied de son bord à environ cinq décimètres en arrière, les jarrets un peu ployés, le corps d'aplomb.

Tribord (ou ***Bâbord***), *en arrière.*
— ***Ramez.***

4. L'homme pliant le jarret droit (ou gauche), et tendant le gauche (ou droit), porte le poids du corps en avant, pousse la poignée en l'élevant pour engager la palette dans l'eau ; rejette le poids du corps en arrière en tendant le jarret droit (ou gauche) et pliant le gauche (ou droit) ; tire avec force sur la rame et pèse sur la poignée pour sortir la palette de l'eau. Il pousse de nouveau la poignée en avant pour continuer à agir de la même manière.

5. Pour affermir l'homme de recrue dans les principes et le mécanisme du coup de rame, l'instructeur fera décomposer ce temps en deux mouvements, aux commandements *un*, *deux*.

Premier mouvement. Plier le jarret droit (ou gauche), tendre le gauche (ou droit), porter le poids du corps en avant, pousser la poignée en l'élevant pour engager la palette dans l'eau.

Second mouvement. Rejeter le poids du corps en arrière, en tendant le jarret droit (ou gauche) et pliant le gauche (ou droit) ; tirer brusquement sur la rame et peser sur la poignée pour sortir la palette de l'eau.

L'instructeur joindra l'exemple au précepte, en ramant lui-même lentement, pour montrer distinctement les deux mouvements dont le coup de rame est composé.

Il veillera à ce que le rameur maintienne toujours la palette verticale, et ne l'élève pas trop au-dessus de l'eau en exécutant le premier mouvement.

Bordez vos rames.

6. Le rameur soulève vivement la poignée pour dégager la rame des tolets entre lesquels elle est assujettie, marche en arrière en parcourant un arc de cercle autour de ces tolets et fait passer la poignée de la rame devant lui, retourne la main gauche (ou droite), et abandonne la rame de la main droite (ou gauche), couche sa rame le long du bordage en étendant le bras gauche (ou droit); il reste dans cette position, faisant face à l'arrière, le corps droit, le bras droit (ou gauche) pendant naturellement.

Lorsque la rame est fixée au plat-bord au moyen d'une estrope, on la borde par les mêmes mouvements, excepté qu'il n'y a plus lieu de la soulever pour la dégager des tolets.

Préparez-vous à ramer.

7. Le rameur soulève la poignée, de manière à faire appuyer la rame au tiers environ de sa longueur contre celui des deux tolets qui est le plus vers le nez de l'avant du bateau. Il pèse alors sur la poignée pour sortir la palette de l'eau, fait

pivoter sa rame contre ce tolet, et fait passer la poignée de la rame devant lui, en portant la main droite (ou gauche) à l'extrémité de la poignée; retourne la main gauche (ou droite), marche en même temps en avant en parcourant un arc de cercle autour des tolets, et redresse sa rame perpendiculairement à la longueur du bateau, rapporte la main gauche (ou droite) vers les tolets, les ongles en dessus, pèse sur la poignée avec la main droite (ou gauche), et soulève la rame avec l'autre main; l'engage entre les tolets; rapporte aussi la main gauche (ou droite) à deux décimètres de l'autre, les ongles en dessous, et se tient fixe dans la position prescrite n.° 3.

Lorsque la rame est assujettie par une estrope, on se prépare à ramer par les mêmes mouvements, excepté qu'il n'y a plus lieu de soulever la rame pour l'engager entre les tolets.

Tribord (ou *Bâbord*). — *Face à l'avant.*

8. Le rameur tournant autour de sa rame fait face à l'avant, et prend de l'autre côté de cette rame la position décrite n.° 3.

Tribord (ou *Bâbord*) *en avant.* — *Ramez.*

9. Le rameur, pliant le jarret droit (ou gauche) et tendant le gauche (ou droit), porte le poids du corps en arrière, tire la poignée à lui en l'élevant pour engager la palette dans l'eau, rejette le poids du corps en avant, en tendant le jarret droit (ou gauche) et pliant le gauche (ou droit), pousse la rame avec effort, pèse sur la poignée pour sortir la palette de l'eau. Il tire de nouveau la poignée pour continuer à agir de la même manière.

10. L'instructeur fera décomposer le coup de rame en deux mouvements, aux commandements *un*, *deux*.

Premier mouvement. Plier le jarret droit (ou gauche) et tendre le gauche (ou droit), porter le poids du corps en arrière, tirer la poignée à soi en l'élevant pou engager la palette dans l'eau.

Deuxième mouvement. Rejeter le poids du corps en avant en tendant le jarret droit (ou gauche) et pliant le gauche (ou droit), pousser brusquement la rame, et peser sur la poignée pour sortir la palette de l'eau.

L'instructeur se conformera à ce qui lui est prescrit n.° 5.

Bordez vos rames.

11. Le rameur soulève vivement la poi-

gnée pour dégager la rame des tolets entre lesquels elle est assujettie ; il marche en avant en parcourant un arc de cercle autour de ces tolets, pousse la rame avec la main droite (ou gauche), l'abandonne de la gauche (ou droite), couche sa rame le long du bordage, en étendant le bras. Il reste dans cette position, faisant face à l'avant, le corps droit, le bras gauche (ou droit) pendant naturellement.

Lorsque la rame est fixée au plat-bord au moyen d'une estrope, on la borde par les mêmes mouvements, excepté qu'il n'y a plus lieu de la soulever pour la dégager des tolets.

Préparez-vous à ramer.

12. Le rameur soulève la poignée de manière à faire appuyer la rame, au tiers environ de sa longueur, contre celui des deux tolets qui est le plus près du nez de l'avant du bateau ; il pèse alors sur la poignée pour sortir la palette de l'eau, et porte la main gauche (ou droite) à l'extrémité de la poignée ; fait pivoter la rame contre le tolet, en marchant en arrière et parcourant un arc de cercle autour des tolets ; il redresse sa rame perpendiculairement à la longueur du bateau, porte la main droite

(ou gauche) vers les tolets, les ongles en dessus, soulève la rame avec cette main, pèse sur la poignée avec l'autre main et engage sa rame entre les tolets; rapporte aussitôt la main droite (ou gauche) à deux décimètres de l'autre main, les ongles en dessous, et se tient fixe dans la position prescrite n.° 3.

Lorsque la rame est assujettie par une estrope, on se prépare à ramer par les mêmes mouvements, excepté qu'il n'y a plus lieu de soulever la rame pour l'engager entre les tolets.

Tribord (ou *Bâbord*). — *Face à l'arrière.*

13. Le rameur tourne autour de sa rame, fait face à l'arrière du bateau, et prend la position prescrite n.° 7.

14. Le rameur étant prêt à ramer, et faisant face à l'arrière, l'instructeur commande :

Tribord (ou *Bâbord*), *en avant.* — *Ramez.*

Le rameur agit comme il est dit au n.° 9.

15. L'homme ramant en avant, l'instructeur commande :

Tribord (ou *Bâbord*), *en arrière.* — *Ramez.*

A ce commandement, fait à un instant quelconque, l'homme rame en arrière, comme il est expliqué n.° 4.

L'instructeur fera souvent changer la manière de ramer par les commandements des n.os 14 et 15, soit que le rameur regarde l'arrière ou l'avant du bateau, afin de l'habituer à changer vivement son coup de rame.

16. La vitesse du mouvement ordinaire des rames dépend surtout de leur poids et de leurs dimensions : elle est telle que l'homme puisse agir long-temps sans trop se fatiguer. Pour faire accélérer ce mouvement, l'instructeur commande :

Tribord (ou *Bâbord*). — *Accélérez.*

Le rameur déploie toute sa force pour augmenter le choc et la vitesse de son coup de rame.

17. Pour faire reprendre le mouvement ordinaire, l'instructeur commande :

Tribord (ou *Bâbord*).—*Ralentissez.*

Le rameur donne à sa rame la vitesse du mouvement ordinaire.

18. L'instructeur fera cesser de ramer par le commandement :

Tribord (ou *Bâbord*). — *Haut les rames.*

Le rameur prend la position prescrite n.° 3.

Tribord (ou *Bâbord*).— *Dressez vos rames.*

19. Le rameur, s'il fait face à l'arrière, se rapprochant de son bord, saisit sa rame près des tolets avec la main gauche (ou droite), les ongles en dessus; il la soulève avec cette main et pèse sur la poignée avec l'autre main, dresse sa rame et prend la position prescrite n.° 2.

Si le rameur fait face à l'avant, il dresse sa rame d'après les mêmes principes, et reste toujours face à l'avant.

Si l'on se sert d'estrope, le rameur la soutiendra à hauteur de la poitrine avec la main de son bord, lorsque sa rame sera dressée.

Tribord (ou *Bâbord*). —*Couchez vos rames.*

20. Le rameur fait face à son bord, renverse sa rame, et, par un mouvement libre, la couche sur le fond du corps du bateau, le long du bordage; la palette tournée vers l'avant s'il ramait à l'arrière, la palette tournée vers l'arrière s'il ramait à l'avant; il se place ensuite dans la position indiquée

n.° 1, faisant face à l'arrière ou à l'avant, comme avant de coucher sa rame.

Repos.

21. Le rameur cesse de garder l'immobilité.

L'instructeur exercera le rameur tantôt à tribord, tantôt à bâbord.

Maniement de la rame pour gouverner le bateau.

22. L'homme étant placé, comme pilote, à la gauche de la poignée de la rame servant de gouvernail, l'instructeur commande :

Tournez à tribord (ou *à bâbord*).

Le pilote rame en arrière (ou en avant) avec le gouvernail.

23. Lorsque l'instructeur veut que le pilote cesse de faire tourner le bateau, il commande :

En avant.

Le pilote cesse de ramer en arrière (ou en avant) ; il pousse fortement contre la poignée (ou la tire à lui) pour arrêter le mouvement de rotation du bateau, et le maintient dans sa nouvelle direction.

L'instructeur fera aussi placer le pilote à

la droite du gouvernail ; alors il ramera en arrière (ou en avant) pour faire tourner le bateau à bâbord (ou à tribord).

24. L'instructeur mettra le bateau en marche contre le courant et enseignera au pilote à gouverner en inclinant le gouvernail.

Le pilote poussera la poignée à tribord (ou à bâbord), et maintiendra le gouvernail ainsi incliné, pour faire tourner le bateau à bâbord (ou à tribord).

Enfin, le pilote dirigera le bateau en employant simultanément les deux moyens de gouverner qu'on a indiqués précédemment, et qui consistent à se servir du gouvernail comme d'une rame pour en frapper l'eau, ou à l'incliner.

L'instructeur recommandera au pilote d'avoir toujours les yeux fixés sur l'avant du bateau qu'il gouverne.

25. Lorsque le pilote saura exécuter avec précision les mouvements du gouvernail précédemment prescrits, l'instructeur lui apprendra à godiller.

A cet effet, le pilote faisant face à l'arrière, saisit des deux mains la poignée de la rame placée comme gouvernail, et frappe l'eau obliquement à droite et à gauche avec la palette, sans la sortir de l'eau. Il dirige le bateau en agissant plus ou moins fortement d'un côté et de l'autre.

Exercice de la gaffe à bateau.

26. L'instructeur fait placer le gaffeur à tribord (ou à bâbord), à hauteur des tolets pour la rame de l'avant, face à l'arrière et dans la position indiquée n.° 1. Il couche une gaffe sur le fond du corps du bateau, le long du bordage de tribord (ou de bâbord), les pointes vers l'arrière. Il commande ensuite :

Tribord (ou *Bâbord*). — *Préparez-vous à gaffer.*

27. Le gaffeur ôte les tolets de son bord, les pose sur le fond du bateau en avant des poupées de l'avant, va saisir sa gaffe et revient près de ces poupées prendre à tribord (ou à bâbord) la position suivante :

Il fait face à droite (ou à gauche) ; tient la gaffe avec les deux mains, la poignée, dirigée suivant un plan vertical, dans la main gauche (ou droite) ; la main droite (ou gauche) à environ un mètre de la gauche (ou droite), les ongles en dessous ; le bras gauche (ou droit) étendu vers le nez de l'avant ; la gaffe appuyée sur le plat-bord, les pointes en dehors du bateau vers l'arrière et non plongées.

***Tribord** (ou **Bâbord**) en arrière. — **Gaffez**.*

28. Le gaffeur, supposé placé à tribord, pèse sur sa gaffe avec la main droite et la pousse avec la main gauche pour piquer au fond de la rivière, en ayant l'attention de coucher sa gaffe le plus possible, et de lui donner une direction qui approche d'être parallèle à la longueur du bateau; ôte la main gauche de la poignée, applique le défaut de l'épaule gauche contre la poignée, incline fortement le corps sur sa gaffe, porte la main gauche au plat-bord; poussant ainsi contre sa gaffe, il marche vers l'arrière jusqu'à la naissance de l'arrière-bec; cesse de faire effort, se redresse, fait face à l'avant et retourne près des poupées de l'avant, en traînant sa gaffe dans l'eau avec la main droite; plonge de nouveau sa gaffe et pique au fond de la rivière pour continuer à gaffer de même.

Ce qui précède s'applique à la manœuvre de gaffer à bâbord, en changeant *droite* en *gauche* et réciproquement.

Lorsque l'homme sera suffisamment exercé à gaffer comme on vient de le prescrire, il pourra porter les deux mains au plat-bord, après avoir bien appliqué le défaut de l'épaule contre la poignée.

Tribord (ou *Bâbord*) *en travers.* — *Gaffez.*

29. Le gaffeur pique au large un peu obliquement vers l'arrière et pousse contre sa gaffe ainsi inclinée. Il continue à gaffer de la même manière.

Tribord (ou *Bâbord*) *en arrière.* — *Gaffez.*

30. Le gaffeur cesse de gaffer en travers et gaffe en arrière, comme il est dit n.° 28.

Tribord (ou *Bâbord*) *en avant.* — *Gaffez.*

31. Le gaffeur pique en avant en donnant à sa gaffe une direction qui approche d'être parallèle à la longueur du bateau. Après avoir fourni son premier coup de gaffe, il reste sur l'avant du bateau, pique de nouveau en avant et continue à gaffer sans changer de position.

Tribord (ou *Bâbord*) *en arrière.* — *Gaffez.*

32. Le gaffeur cesse de gaffer en avant, et gaffe en arrière.

Tribord (ou *Bâbord*). — *Changez de bord.*

33. Le gaffeur sort sa gaffe de l'eau, l'élève horizontalement en la tenant vers son milieu en équilibre dans les deux mains, les bras tendus et élevés, la fait pivoter les pointes vers l'arrière et va la plonger pour gaffer à l'autre bord.

Bâbord (ou *Tribord*). — *Haut les gaffes.*

34. Le gaffeur prend la position décrite n.° 27.

Bâbord (ou *Tribord*).—*Couchez vos gaffes.*

35. A ce commandement, le gaffeur couche sa gaffe sur le fond du corps du bateau, dans l'angle formé par le fond et le bordage de bâbord (ou de tribord), les pointes vers l'arrière. Il prend ensuite la position prescrite n.° 26.

Repos.

36. A ce commandement, le gaffeur cesse de garder l'immobilité.

OBSERVATIONS SUR L'ARTICLE PRÉCÉDENT.

L'homme sera d'abord exercé à manier

la gaffe, à tribord et à bâbord, sur une eau peu rapide et peu profonde, et ensuite sur un plus fort courant. L'instructeur joindra l'exemple au précepte. Il gouvernera lui-même, et n'exigera point que le gaffeur s'occupe de la direction de la marche du bateau.

Exercice de la rame à la nacelle.

37. L'instructeur fait placer l'homme à tribord (ou à bâbord), à hauteur des tolets, face à l'arrière et dans la position indiquée n.° 1. Il couche une rame sur le fond du corps de la nacelle, comme il est dit dans le même numéro, et commande ensuite :

Tribord (ou *Bâbord*). — *Dressez vos rames.*

Le rameur va saisir la rame, la dresse et la tient comme il est dit n.° 2. Dans cette position, il a le corps droit et face à l'arrière, la pointe des pieds à cinq centimètres environ en arrière des tolets.

38. L'instructeur commande ensuite :

Tribord (ou *Bâbord*). — *Préparez-vous à ramer.*

Le rameur renverse sa rame, sans la plonger, et la place entre les tolets, s'éloigne de son bord, saisit la poignée avec la main opposée à ce bord, tourne cette poignée horizontalement. la palette au-dessus de la perche; porte la main de son bord à deux décimètres environ de la poignée, se fend en arrière de la jambe de son bord, d'environ cinq décimètres.

Dans cette position, la rame doit être inclinée vers l'eau et perpendiculaire à la longueur de la nacelle, la poignée horizontale, les deux tiers de la rame en dehors de la nacelle. Le rameur, placé à hauteur de la poignée, la tient dans la main opposée à son bord, le bras tendu, la main basse et près de la cuisse, l'autre main à la perche, à deux décimètres environ de la poignée; il a le pied opposé à son bord, à hauteur des chevilles, l'autre pied à environ cinq décimètres en arrière, les jarrets un peu ployés, le corps d'aplomb.

Tribord (ou ***Bâbord***) *en arrière.* — ***Ramez.***

39. Le rameur, pliant le jarret droit (ou gauche), et tendant le gauche (ou droit), porte le poids du corps en avant, pousse la poignée en avant en étendant les bras, la tourne en même temps verticalement, et engage la palette dans l'eau ; rejette le poids du corps en arrière en tendant le jarret droit (ou gauche), et pliant le gauche (ou droit), tire brusquement sur la rame, et abaisse la poignée pour sortir la palette de l'eau ; tourne vivement la poignée horizontalement aussitôt que la palette est hors de l'eau. Il pousse de nouveau la poignée en avant pour continuer à agir de la même manière.

40. L'instructeur fera d'abord décomposer le coup de rame en deux mouvements, aux commandements *un*, *deux*.

1.er *mouvement*. Plier le jarret droit (ou gauche), tendre le gauche (ou droit), et porter le poids du corps en avant ; pousser la poignée en avant en étendant les bras, tourner la poignée verticalement et engager la palette dans l'eau.

2.e *mouvement*. Rejeter le poids du corps en arrière en tendant le jarret droit (ou gauche), et pliant le gauche (ou droit) ; tirer brusquement sur la rame et peser sur la poignée pour sortir la palette de l'eau ; tourner vivement la poignée horizontalement aussitôt que la palette est hors de l'eau.

L'instructeur recommandera au rameur de ne pas serrer la rame avec la main de son bord ; cette main ne doit servir qu'à faire effort en tirant la rame : c'est avec la main qui est à la poignée qu'il tourne la rame.

Tribord (ou *Bâbord*). — *Haut les rames.*

41. Le rameur prend la position décrite n.° 38.

Tribord (ou *Bâbord*). — *Face à l'avant.*

42 Le rameur tourne autour de sa rame, fait face à l'avant et prend, de l'autre côté de cette rame, la position prescrite n.° 38 ; il tourne la palette au-dessous de la perche.

Tribord (ou *Bâbord*) *en avant.* — *Ramez.*

43. Le rameur, pliant le jarret droit (ou gauche), et tendant le gauche (ou droit), porte le poids du corps en arrière, tire la poignée à lui en l'élevant et la tournant verticalement, et engage la palette dans l'eau ; rejette le poids du corps en avant en tendant le jarret droit (ou gauche), et, pliant le gauche (ou droit), pousse la rame brusquement, pèse sur la poignée pour sortir la palette de l'eau, et tourne la poignée horizontalement. Il tire de nouveau la poignée pour continuer à agir de la même manière.

44. L'instructeur fera d'abord décomposer le coup de rame en deux mouvements, aux commandements *un*, *deux*.

1.er *mouvement*. Plier le jarret droit (ou gauche), tendre le gauche (ou droit), et porter le poids du corps en arrière ; tirer la poignée à soi en l'élevant et la tournant verticalement, et engager la palette dans l'eau.

2.e *mouvement*. Rejeter le poids du corps en avant en tendant le jarret droit (ou gauche), et pliant le gauche (ou droit), pousser brusquement la rame, peser sur la poignée pour sortir la palette de l'eau, et tourner vivement la poignée horizontalement.

L'instructeur recommandera au rameur de ne pas serrer la rame avec la main de son bord ; cette main ne doit servir qu'à faire effort en poussant la rame : c'est avec la main qui est à la poignée qu'il tourne la rame.

Tribord (ou ***Bâbord***). — ***Haut les rames.***

45. Le rameur prend la position prescrite n.° 41.

Tribord (ou ***Bâbord***).—***Dressez vos rames.***

46. Le rameur se rapproche de son bord,

saisit la rame près des tolets avec la main droite (ou gauche), les ongles en dessus; il la soulève avec cette main, pèse sur la poignée avec l'autre main, dresse sa rame, et prend la position prescrite n.° 37.

Si le rameur faisait face à l'arrière, il dresserait sa rame d'après les mêmes principes, et resterait toujours face à l'arrière.

Tribord (ou *Bâbord*).—*Couchez vos rames.*

47. Le rameur exécute ce mouvement comme il est expliqué n.° 20.

Repos.

48. Le rameur cesse de garder l'immobilité.

Maniement de la rame pour gouverner la nacelle.

49. Le pilote chargé de gouverner la nacelle, avec une rame non assujettie au nez de l'arrière, se tiendra prêt à agir dans la position suivante.

Il est placé à tribord (ou à bâbord), sur l'arrière-bec, entre la deuxième et la troisième courbe à partir du nez de l'arrière, face à l'avant, le pied de son bord en arrière, la poignée de la rame dans la main gauche (ou droite), l'autre main tenant la perche aussi loin que possible de la poignée, les ongles en dessous, les bras tendus, la main droite (ou gauche) près de la cuisse, l'autre main en avant du corps, la rame appuyée sur le plat-bord, la palette en dehors de la nacelle et au-dessous de la perche.

50. S'il doit agir pour faire avancer la nacelle, sans changer sa direction, il porte la palette en avant, la plonge dans l'eau, la palette en avant de la perche, tire sur sa rame avec la main droite (ou gauche), et résiste de l'autre main, de manière que la perche rase le bordage; il tourne la poignée pour que la palette présente son plat au bordage, et pèse sur la poignée en prenant le plat-bord pour point d'appui, sort la palette de l'eau en étendant le bras gauche (ou droit), et la reporte en avant pour continuer à ramer ainsi.

51. Si le pilote doit faire tourner la nacelle à tribord, il plonge la palette dans l'eau verticalement, en arrière et contre le bordage, tire brusquement sur la poignée, en prenant le plat-bord pour point d'appui; ramène la palette contre le bordage sans la sortir de l'eau, en tirant sur la

perche avec la main droite et tournant la poignée pour que la palette présente son tranchant à l'eau. Il tire de nouveau sur la poignée pour continuer à agir de la même manière.

52. S'il doit faire tourner la nacelle à bâbord, il agit comme il est expliqué n.° 50 ; mais, au lieu d'enfoncer sa rame dans l'eau près du bordage, il plonge la palette au large obliquement en avant, et tire la rame à lui. Il la plonge d'autant plus au large qu'il veut faire tourner la nacelle plus promptement.

Le pilote placé à bâbord ferait tourner la nacelle à bâbord et à tribord par les mêmes moyens.

53. Le pilote peut encore ramer et gouverner en même temps, en se plaçant sur l'arrière, face à l'avant, et appuyant sa rame contre un tolet. S'il rame en avant, la nacelle marchera en avant en tournant à l'opposé de son bord ; lorsqu'il veut que la nacelle se prolonge directement, il commence par donner son coup de rame comme pour ramer en avant ; mais, après avoir brusquement poussé la poignée, il la tourne vivement et l'incline en avant, la tire lentement à lui ainsi inclinée ; lorsqu'elle est près du corps, il la retourne verticalement

et continue à ramer de la même manière. La main de son bord lui sert à pousser la poignée en avant, et de point d'appui lorsqu'il tire la poignée à lui. Pour faire tourner la nacelle du côté du bord où il est placé, il se conformera à ce qui est dit n.° 51.

Le pilote peut enfin diriger une nacelle en fixant la rame au nez de l'arrière entre deux tolets, et godillant comme il est expliqué n.° 25.

Exercice de la gaffe à nacelle.

54. L'instructeur fait placer le gaffeur à tribord (ou à bâbord), à hauteur des tolets pour la rame de l'avant, face à l'arrière, et dans la position indiquée n.° 1. Il couche une gaffe sur le fond du corps de la nacelle, le long du bordage de tribord (ou de bâbord), les pointes vers l'arrière. Il commande ensuite :

Tribord (ou *Bâbord*). — *Préparez-vous à gaffer.*

Le gaffeur ôte les tolets pour la rame de son bord, les pose sur le fond de la nacelle en avant de la première courbe, va saisir sa gaffe et revient à hauteur des trous de tolets prendre à tribord (ou à bâbord) la position suivante.

Il fait face à droite (ou à gauche) ; il tient la gaffe avec les deux mains, la poignée dirigée suivant un plan vertical dans la main gauche (ou droite) ; la main droite (ou gauche) à environ six décimètres de la poignée, les ongles en dessous ; le bras gauche (ou droit) étendu vers le nez de l'avant ; la gaffe appuyée sur le plat-bord, les pointes en dehors de la nacelle vers l'arrière et non plongées.

Tribord (ou *Bâbord*) *en arrière. — Gaffez.*

55. Le gaffeur, supposé à tribord, pèse sur la poignée, l'élève ensuite vivement, pique au fond de la rivière en pesant sur la gaffe avec la main droite et la poussant avec la main gauche, ayant l'attention de la coucher le plus possible, et de lui donner une direction qui approche d'être parallèle à la longueur de la nacelle ; appuie le téton gauche contre la main qui tient la poignée en inclinant le corps sur la gaffe, remonte la main droite jusqu'à deux décimètres environ de la poignée, pousse en marchant jusqu'à la naissance de l'arrière-bec, cesse de faire effort, se redresse, glisse la main

droite jusqu'à six décimètres environ de la poignée que la main gauche abandonne, fait face à l'avant, retourne sur l'avant en traînant sa gaffe dans l'eau avec la main droite, plonge de nouveau sa gaffe pour continuer à gaffer de même.

Ce qui précède s'applique à la manœuvre de gaffer à bâbord, en changeant *droite* en *gauche*, et réciproquement.

56. L'instructeur fera exécuter les autres mouvements de la gaffe par les commandements et les moyens prescrits n.os 29 et suivants.

Maniement de la gaffe pour gouverner la nacelle.

53. Le gaffeur se place sur l'arrière-bec, près du nez, et agit à tribord (ou à bâbord), sans changer de position. Il gaffe en arrière pour faire marcher la nacelle en avant.

Il gaffe en arrière pour faire tourner la nacelle à tribord (ou à bâbord).

Il peut encore la faire tourner dans le même sens en appuyant sa gaffe contre le bordage, piquant un peu vers l'arrière et tirant en travers sur le haut de la gaffe.

Il fait tourner la nacelle à bâbord (ou à tribord) en inclinant sa gaffe pour piquer sous la nacelle obliquement en arrière. Il penche le corps sur la gaffe, en dehors du plat-bord, et pousse sans que la gaffe touche le bordage.

ÉCOLE DU BATEAU A LA RAME.

58. Tous les mouvements de rame commandés aux rameurs sont exécutés comme il est expliqué n.ºs 2 et suivants jusqu'au n.º 21. Le pilote exécute les commandements qui lui sont faits en employant les moyens donnés n.ºs 22 et suivants jusqu'au n.º 25.

Équipement et équipage du bateau; s'embarquer et pousser au large.

59. L'équipement du bateau d'instruction se compose de cinq rames, dont une pour gouverner, huit tolets pour rames, deux tolets pour gouvernail, et une amarre. Les rames sont placées sur le fond du corps du bateau, dans les angles formés par le fond et les bordages; celles des rameurs de tribord, à tribord; celles des rameurs de bâbord, à bâbord. Les deux rames pour l'arrière ont la palette vers l'avant; celles

pour l'avant ont la palette vers l'arrière ; le gouvernail est à tribord (ou à bâbord), la palette vers l'arrière. Les tolets sont placés dans les trous des plats-bords et dans ceux du nez de l'arrière. Un des bouts de l'amarre est fixé à une des poupées de l'avant par un nœud de batelier, l'autre bout est amarré par deux demi-clefs à un piquet planté sur la rive ; lorsque l'amarre n'est pas entièrement déployée, une partie de ce cordage entrelace les poupées de l'avant.

60. L'équipage du bateau se compose d'un pilote et quatre rameurs ; l'instructeur place les rameurs sur deux rangs, et fait numéroter les files de la droite à la gauche ; il avertit les hommes du premier rang qu'ils sont rameurs de tribord, et ceux du second rang qu'ils sont rameurs de bâbord. Le pilote se place à la droite du premier rang.

61. L'instructeur conduit son peloton dans cet ordre et par le flanc droit vers le bateau ; le pilote s'embarque le premier, met son gouvernail à l'eau et se tient prêt à agir. Les hommes du premier et du second rang s'embarquent successivement par ordre de file ; les deux premiers rameurs, qui formaient la première file, se placent à hauteur des tolets pour les rames de l'arrière ; le deuxième de tribord, à hauteur des tolets

pour la rame de l'avant, à tribord. Ces rameurs font face à l'arrière et se tiennent dans la position indiquée n.° 1; le deuxième rameur du bord le plus près de terre ne s'embarque pas, il se porte au piquet auquel l'amarre est fixée.

L'instructeur commanderait *face à l'avant*, s'il voulait faire ramer en avant pour faire marcher le bateau en avant. A ce commandement, les rameurs exécuteraient un *demi-tour à droite*.

Dressez vos rames.

62. Chaque rameur saisit sa rame, qui est couchée sur le fond du bateau le long du bordage, et la dresse en se conformant à ce qui est prescrit n.os 2 et 3.

Démarrez.

63. Le deuxième rameur resté à terre démarre le bateau, tire sur l'amarre et la plie dans la main gauche en se rapprochant du bateau; s'embarque vivement, jette l'amarre en avant des poupées, et dresse sa rame.

64. La rame de ce rameur étant dressée, l'instructeur commande :

Au large.

Les rameurs de tribord, si l'on est sur la

rive gauche, ceux de bâbord, si l'on est sur la rive droite, poussant avec leurs rames contre terre, éloignant le bateau de la rive, à la distance nécessaire au jeu des rames; le pilote manœuvre le gouvernail de manière que le bateau soit toujours parallèle à la rive.

Préparez-vous à ramer.

65. Les rameurs qui ont poussé au large placent leurs rames entre les tolets de leur bord; ceux de l'autre bord renversent leurs rames; tous prennent la position prescrite n.° 3.

Faire marcher le bateau en avant.

66. Les rameurs faisant face à l'arrière (ou à l'avant), l'instructeur fera marcher le bateau en avant par le commandement :

En arrière (ou *En avant*).—*Ramez.*

Les premiers ou seconds rameurs rament ensemble et d'un mouvement uniforme; les seconds ou premiers rameurs se conforment au mouvement de la rame du premier ou second de leur bord.

67. Pour faire ramer les hommes en avant (ou en arrière) sans changer la direction de la marche du bateau, l'instructeur commande :

1. *Haut les rames.*
2. *Face à l'avant* (ou *à l'arrière*).
3. *En avant* (ou *en arrière*). — *Ramez.*

Au premier commandement, les rameurs sortent les rames de l'eau.

Au second, ils font face à l'avant (ou à l'arrière), et se tiennent prêts à ramer.

Au troisième, ils rament en avant (ou en arrière).

68. L'instructeur fait accélérer la marche du bateau par le commandement :

Accélérez.

Tous les rameurs accélèrent le mouvement des rames et rament ensemble.

69. Il fait reprendre le mouvement ordinaire par le commandement :

Ralentissez.

Les rameurs cessent d'accélérer.

70. Lorsqu'un bateau va passer trop près d'un obstacle quelconque pour que les rames puissent continuer d'agir sans le toucher, l'instructeur commande :

Bordez vos rames.

Ce commandement est exécuté par les rameurs des deux bords.

71. L'obstacle étant dépassé, l'instructeur commande :

Préparez-vous à ramer.

Aussitôt après l'exécution de ce mouvement, il commande :

En arrière (ou *En avant*). — *Ramez.*

OBSERVATIONS.

72. Si les rameurs doivent agir longtemps, on les fera ramer en arrière : ils se fatigueront moins et produiront plus d'effet.

Les rameurs devant déployer toute leur force dans le mouvement accéléré, on aura l'attention de ne pas trop prolonger ce pénible exercice.

Changer de direction.

73. L'instructeur fait changer la direction du bateau en marche par l'un des trois moyens suivants, selon qu'il veut faire parcourir au bateau un arc plus ou moins étendu.

Premier moyen. Il commande au pilote :

Tournez à tribord (ou *à bâbord*).

Il lui fait le commandement *En avant*, lorsqu'il veut que le bateau cesse de tourner et se prolonge dans sa nouvelle direction.

74. Deuxième moyen. Il commande aux rameurs :

Tribord (ou *Bâbord*). — *Haut les rames.*

Et au pilote :

Tournez à tribord (ou *à bâbord*).

Lorsque le bateau devra cesser de tourner et se prolonger en avant, l'instructeur commandera aux rameurs, selon qu'ils font face à l'arrière ou à l'avant :

Tribord (ou *Bâbord*) *en arrière* (ou *en avant*). — *Ramez.*

Et au pilote :

En avant.

75. Troisième moyen. Les hommes ramant en arrière, il fait tourner le bateau à tribord (ou à bâbord) en commandant aux rameurs :

Tribord (ou *Bâbord*) *en avant.* — *Ramez.*

Et au pilote :

Tournez à tribord (ou *à bâbord*).

Lorsqu'il voudra que le bateau se prolonge en avant, il commandera aux rameurs :

Tribord (ou *Bâbord*) *en arrière.* — *Ramez.*

Et au pilote :

En avant.

76. Si les hommes ramaient en avant, l'instructeur ferait tourner le bateau à tribord ou à bâbord, et le ferait prolonger dans sa nouvelle direction par des commandements analogues.

77. Les rameurs étant prêts à ramer face à l'arrière, l'instructeur fait tourner le bateau à tribord (ou à bâbord) en commandant aux rameurs :

Bâbord (ou *Tribord*) *en arrière.* — *Ramez.*

Et au pilote :

Tournez à tribord (ou *à bâbord*).

Lorsqu'il voudra que le bateau cesse de tourner pour se prolonger en avant, il commandera aux rameurs :

Tribord (ou *Bâbord*) *en arrière.* — *Ramez.*

Et au pilote :

En avant.

78. Si les rameurs font face à l'avant, il fera tourner le bateau et le fera prolonger dans sa nouvelle direction par les mêmes commandements, en substituant *En avant.* — *Ramez* à *En arrière.* — *Ramez.*

79. Il fera tourner le bateau à tribord (ou à bâbord) plus promptement, en commandant aux rameurs, s'ils font face à l'arrière :

Tribord en avant (ou *en arrière*), *Bâbord en arrière* (ou *en avant*). — *Ramez.*

Et au pilote :

Tournez à tribord (ou *à bâbord*).

Lorsque l'instructeur voudra que le bateau cesse de tourner, et se prolonge dans sa nouvelle direction, il commandera aux rameurs :

Tribord (ou *Bâbord*) *en arrière.* — *Ramez.*

Et au pilote :

En avant.

80. Si les rameurs font face à l'avant, l'instructeur fait tourner le bateau à tribord (ou à bâbord), et le fait prolonger dans sa nouvelle direction par les commandements

du n.° 76, en substituant *en arrière* à *en avant*, et réciproquement.

81. Si l'instructeur veut que le bateau cesse de tourner et s'arrête sans se prolonger en avant, il commandera aux rameurs :

Haut les rames.

Et au pilote :

En avant.

Le bateau aura fait un *à-droite* ou un *à-gauche* si l'instructeur arrête son mouvement lorsqu'il a fait un quart de tour.

Arrêter le bateau, mouiller l'ancre.

82. L'instructeur voulant arrêter le bateau en marche sur une eau sans courant, commandera :

Haut les rames.

Ce commandement étant exécuté, la vitesse du bateau diminuera et deviendra nulle.

83. Quand l'instructeur voudra que le bateau s'arrête plus promptement, il ne fera pas le commandement précédent ; si les hommes rament en arrière (ou en avant), il commandera :

En avant (ou *En arrière*).— *Ramez.*

Et lorsqu'il jugera que la vitesse d'impulsion est détruite, il commandera :

Haut les rames.

84. Pour arrêter un bateau en marche sur une eau courante, l'instructeur le fera diriger suivant le fil de l'eau, et fera ramer avec deux ou quatre rames pour lutter contre le courant, selon sa force. Si le bateau remonte par l'effet de deux rames, l'instructeur fera cesser de ramer ; il fera ramer de nouveau lorsque le bateau commencera à dériver, de manière qu'il reste stationnaire; si la force du courant entraîne le bateau luttant avec quatre rames, l'instructeur ne peut l'arrêter qu'en faisant mouiller l'ancre, comme il va être dit.

85. Pour exécuter le mouillage de l'ancre, on place d'avance dans le bateau une ancre et son cordage, disposés comme il suit :

Le cordage d'ancre est roulé sur le milieu du fond du bateau ; le premier tour commence à un pas en avant des tolets des rames de l'arrière et s'étend jusqu'au milieu du corps ; le deuxième tour, égal au premier, est porté un peu plus en avant ; le troisième tour est porté de même un peu en avant du deuxième, et ainsi des autres. Un bout du jas est appuyé sur le fond du bateau, dans le vide qui se trouve au centre du cordage; l'encolure de l'ancre est en avant du jas et posée sur le milieu de la largeur du fond; enfin, le bout de dessus du cordage est amarré à l'organeau.

86. Lorsque le bateau est en marche et que l'instructeur veut faire mouiller l'ancre, il commande :

Préparez-vous à mouiller l'ancre.

A ce commandement, les seconds rameurs dressent leurs rames et les couchent dans le bateau contre les bordages, de manière à ne pas gêner le déploiement du cordage : le second de bâbord va saisir l'ancre par l'encolure, le second de tribord se place en arrière du jas; ils soulèvent l'ancre et la mettent sur l'avant du bateau, les bras dépassant le nez, le jas appuyé sur les plats-bords en arrière des poupées; le second de bâbord, placé près de son bord, face à l'avant, ayant le cordage à sa droite, se tient prêt à soulever le jas; le second de tribord s'assure que les tours du cordage ne sont point mêlés, qu'ils se dérouleront facilement, et que les tours qui doivent se dérouler les premiers sont au-dessus des autres; il plie 6 à 8 mètres de cordage un peu en arrière de l'organeau, et va se placer derrière le second de bâbord, prêt à faire filer du cordage, en l'aidant à se déployer. Le pilote met ou maintient le bateau dans la direction du courant.

87. L'instructeur voyant tout ainsi préparé, commande :

1. *Mouillez.*
2. *Haut les rames.*
3. *Dressez vos rames.*
4. *Couchez vos rames.*

Au premier commandement, le second rameur de bâbord soulève le jas et renverse l'ancre en avant du nez ; il fait filer du cordage à l'aide du second de tribord ; lorsque les deux tiers environ du cordage sont à l'eau, le second de bâbord embrasse une des poupées de l'avant d'un tour, et file du cordage en cédant de sa retraite pour ne pas arrêter le bateau tout à coup, puis il amarre à la poupée. (*Voyez* le nœud de poupée.)

Le second commandement succédera rapidement au premier, et sera suivi du troisième et du quatrième. Au quatrième commandement, les premiers rameurs couchent leurs rames sur le fond du corps du bateau, contre les bordages, la palette vers l'avant.

88. L'instructeur voulant faire reposer les hommes, commande aussitôt que le cordage est amarré à la poupée :

Repos.

A ce commandement, ils ne sont plus tenus à garder le silence ni l'immobilité. Le pilote continue de maintenir le bateau dans la direction du courant.

Lever l'ancre et aborder à la rive.

89. Pour faire reprendre la manœuvre, l'instructeur commande :

A vos postes.

A ce commandement, les rameurs prennent les postes qui leur sont indiqués n.° 61.

90. Il fait lever l'ancre par le commandement :

Levez l'ancre à tribord (ou *à bâbord*).

Le second rameur de bâbord démarre le cordage d'ancre ; les premiers rameurs saisissent le bout de la retraite ; les seconds rameurs ayant le cordage à leur droite (ou à leur gauche), halent dessus, et les premiers roulent la retraite sur le fond du bateau. Aussitôt que l'ancre dérape (ce dont on s'aperçoit en regardant sur la rive, parce que le bateau commence à descendre), l'instructeur commande promptement :

Premiers rameurs. — Dressez vos rames.

Préparez-vous à ramer.

En arrière. — Ramez.

Les premiers rameurs exécutent ces commandements ; les seconds continuent de haler sur le cordage, rentrent l'ancre dans le bateau par la droite (ou par la gauche) de l'avant-bec, en arrière des poupées, et la placent comme il est dit n.° 85. Pendant que l'on sort l'ancre de l'eau, le pilote a soin de maintenir le bateau dans la direction du courant.

Les seconds rameurs ayant placé l'ancre dans le bateau, l'instructeur commande :

Seconds rameurs.–Dressez vos rames.

Préparez–vous à ramer.

En arrière. — Ramez.

Il a l'attention de faire le dernier commandement à temps pour que le coup de rame des seconds rameurs s'accorde avec celui des premiers.

91. L'instructeur voulant aborder à la rive, fait au pilote les commandements nécessaires pour que le bateau se dirige vers

le point où l'on doit prendre terre, et qu'il aborde presque parallèlement à la rive, l'avant-bec touchant terre avant l'arrière-bec.

Lorsque le bateau est près de terre, l'instructeur commande :

1. *Bordez vos rames.*
2. *Amarrez.*

Au second commandement, qui succède rapidement au premier, le second rameur de bâbord dresse sa rame, la couche dans le bateau la palette vers l'arrière, et saute promptement à terre avec le bout libre de l'amarre; il tend ce cordage pour faire serrer le bateau contre la rive, et amarre, s'il y a lieu, à un piquet ou à tout autre point d'amarrage par deux demi-clefs.

Faire traverser la rivière au bateau et débarquer.

92. L'instructeur fait démarrer, pousser au large et préparer à ramer par les commandements et les moyens précédemment prescrits. Il commande ensuite aux rameurs, s'ils font face à l'arrière (ou à l'avant) :

En arrière (ou *En avant*). — *Ramez.*

Et au pilote, si l'on part de la rive droite (ou gauche) :

Tournez à tribord (ou à bâbord).

Lorsque le bateau a exécuté un *demi-à-droite* (ou *à-gauche*), l'instructeur commande au pilote :

En avant.

A ce commandement, le pilote maintient le bateau dans sa nouvelle direction, faisant un angle d'environ 45 degrés avec le courant (1).

93. L'instructeur fait au pilote les commandements nécessaires pour que le bateau aborde comme il est prescrit n.° 91.

Lorsque le bateau est près de terre, l'instructeur commande :

1. *Haut les rames.*
2. *Dressez vos rames.*
3. *Amarrez.*
4. *Couchez vos rames.*
5. *Débarquez.*

Au troisième commandement, qui succède rapidement au deuxième, le second rameur du bord le plus près de terre cou-

(1) L'angle de 45 degrés, sous lequel on prescrit de donner à passer, n'est pas celui qui convient pour traverser dans tous les cas : on traverserait sous un angle plus aigu, si le courant était rapide et qu'on voulût dériver le moins possible ; on donnerait à passer sous un angle presque droit, si le courant était presque nul.

che vivement sa rame et amarre comme il est dit n.° 91.

Au quatrième, les rameurs couchent leurs rames dans le corps du bateau, contre les bordages ; la palette de celles des premiers rameurs vers l'avant, la palette de celle du second de tribord vers l'arrière. Le pilote retire son gouvernail et le pose sur les rames, à tribord ou à bâbord, la palette vers l'arrière.

Au cinquième commandement, les rameurs et le pilote débarquent en suivant l'ordre inverse à celui dans lequel ils se sont embarqués.

A mesure que les hommes sont débarqués, ils se forment sur deux rangs, faisant face au bateau, et dans le même ordre qu'avant l'embarquement.

OBSERVATIONS SUR L'ÉCOLE DU BATEAU A LA RAME.

94. La légèreté du bateau d'équipage permet de le mener au moyen de deux rames, avec ou sans gouvernail, et même avec une seule rame. On renvoie pour l'exécution de ces manœuvres, à l'*Ecole de la nacelle à la rame*, à laquelle elles appartiennent plus spécialement.

ÉCOLE DU BATEAU A LA GAFFE.

95. Tous les mouvements de gaffe commandés aux gaffeurs sont exécutés comme il est expliqué n.os 27 et suivants, jusqu'au n.° 34. Le pilote exécute les commandements qui lui sont faits en employant les moyens donnés n.os 22, 23 et 24.

96. L'équipement du bateau d'instruction se compose de quatre gaffes à deux pointes, une gaffe à pointe et à crochet, un gouvernail, une amarre, huit tolets pour rames et deux tolets pour gouvernail.

Les gaffes sont placées sur le fond du corps du bateau, dans les angles formés par le fond et les bordages, les pointes vers l'arrière. Le gouvernail, l'amarre et les tolets sont placés comme il est dit n.° 59.

97. L'équipage du bateau se compose d'un pilote et quatre gaffeurs; ils sont placés et numérotés comme il est expliqué n.° 60.

L'instructeur conduit son peloton dans cet ordre et par le flanc droit vers le bateau, et le fait embarquer en suivant les principes du n.° 61.

Préparez-vous à gaffer.

98. Les premiers gaffeurs ôtent les tolets

des rames de l'arrière et les posent sur le fond du bateau, en arrière des poupées de l'arrière-bec; le second qui est embarqué ôte les tolets des rames de l'avant et les pose en avant des poupées de l'avant. Les trois gaffeurs embarqués saisissent leurs gaffes et se placent dans la position prescrite n.° 27; le second, près des poupées de l'avant; le premier du même bord, à deux pas plus près de l'arrière; le premier de l'autre bord, à un pas plus près de l'arrière que ce dernier.

Démarrez.

99. Le second resté à terre démarre le bateau, tire sur l'amarre et la plie dans la main gauche en se rapprochant du bateau; s'embarque vivement, jette l'amarre en avant des poupées de l'avant, va prendre sa gaffe et vient se placer, prêt à gaffer, à deux pas en avant du premier de son bord.

Au large.

100. Les gaffeurs du bord qui touche terre gaffent en travers pour éloigner le bateau de la rive; le pilote maintient le bateau parallèlement à la rive.

101. Lorsque le bateau est assez poussé au large, et que l'instructeur veut le faire remonter le long de la rive, il commande:

En arrière. — Gaffez.

Les gaffeurs, se conformant à ce qui est prescrit n.° 28, gafferont en piquant au fond ou contre le bord de la rivière; ils pousseront ensemble et marcheront vers l'arrière du bateau, jusqu'à ce que les premiers gaffeurs soient arrivés à la naissance de l'arrière-bec; alors ils retourneront vers l'avant pour piquer de nouveau et continuer à gaffer, en mettant de l'ensemble dans tous leurs mouvements.

Le pilote dirigera le bateau; autant que possible, il ne changera sa direction que lorsque les gaffeurs retournent de l'arrière à l'avant, et non pas pendant qu'ils poussent.

102. L'instructeur voulant que l'effort des gaffes pour faire marcher le bateau soit continu, commande:

A chaque bord, l'un après l'autre.— Gaffez.

Les seconds gaffeurs vont sur l'avant du bateau et plongent leurs gaffes lorsque les premiers ont fourni leur coup de gaffe en poussant jusqu'à l'arrière; les premiers agissent en même temps comme il suit: le premier de tribord (bâbord) sort sa gaffe de l'eau en étendant vivement le bras droit (gauche), et la faisant glisser dans la main droite (gauche), saisit la perche avec la main gauche (droite), élève la gaffe horizontalement en la tenant vers son milieu en équilibre, les mains à six décimètres environ l'une de l'autre, la paume de la main droite (gauche) tournée vers l'avant, celle de l'autre main tournée vers le corps, les bras tendus et élevés; ils se reportent sur l'avant en passant la gaffe au-dessus de la tête du second de leur bord. Lorsque les seconds gaffeurs ont fourni leur coup de gaffe, ils sortent leurs gaffes de l'eau et se reportent sur l'avant, comme il vient d'être expliqué pour les premiers; les quatre gaffeurs continuent à gaffer ainsi, jusqu'au commandement :

Ensemble. — *Gaffez.*

A ce commandement, les gaffeurs reprennent leurs postes sur l'avant et gaffent ensemble.

103. L'instructeur voulant que le bateau change de direction pour tourner à tribord (ou à bâbord), commande aux gaffeurs :

Tribord (ou *Bâbord*). — *Haut les gaffes.*
Bâbord (ou *Tribord*) *en travers.* — *Gaffez.*

Et au pilote :

Tournez à tribord (ou *à bâbord*).

Les gaffeurs de tribord (ou de bâbord) cessent d'agir et se tiennent prêts à gaffer; les gaffeurs de bâbord (ou de tribord) gaffent en travers ; le pilote manœuvre le gouvernail pour faire tourner à tribord (ou à bâbord).

104. L'instructeur voulant que le bateau cesse de tourner et se prolonge dans sa nouvelle direction, commande aux gaffeurs:

En arrière. — Gaffez.

Et au pilote :

En avant.

Les gaffeurs des deux bords gaffent en arrière ; le pilote maintient le bateau dans sa nouvelle direction.

105. Lorsque l'instructeur veut donner au bateau une marche rétrograde, ou diminuer sa vitesse pour éviter un choc, il commande :

En avant. — Gaffez.

Les gaffeurs plongent leurs gaffes et gaffent en avant.

106. Si le bateau remonte le long d'une rive escarpée, il peut arriver que les gaffeurs

du bord opposé à cette rive ne puissent atteindre le fond de la rivière ; le bateau sera alors conduit par deux gaffeurs seulement qui piqueront contre la rive. Le pilote aura, dans ce cas, l'attention d'incliner un peu le nez de l'avant vers la terre.

Si le courant est très-rapide, un des gaffeurs qui n'agissent plus prendra la gaffe à croc et se placera sur l'avant du bateau ; il se servira de cette gaffe pour s'accrocher aux racines qui peuvent se trouver en avant du bateau dans l'escarpement, ou à des buissons, ou même au terrain, et maintiendra le nez de l'avant toujours près de terre.

107. Pour faire passer le bateau d'une rive à l'autre, les gaffeurs du bord qui est en aval lorsque le bateau donne à passer, gafferont en travers pour s'opposer à la dérive ; les gaffeurs de l'autre bord gafferont en arrière ; le pilote gouvernera d'après ce qui est dit n.° 92.

108. L'instructeur exercera les gaffeurs à conduire le bateau sans gouvernail ; alors il ne leur fera aucun commandement, il leur indiquera seulement le chemin qu'ils doivent faire parcourir au bateau ; les gaffeurs auront soin de gaffer plus ou moins en travers, selon que cela devient nécessaire pour donner une bonne direction au bateau.

L'instructeur fera aussi conduire le bateau par deux gaffeurs et un pilote. Ils gafferont ordinairement l'un à tribord, l'autre à bâbord.

109. Si le bateau est chargé, ou supposé chargé, les gaffeurs placés sur l'avant gafferont sans marcher au-delà de la naissance de l'avant-bec.

Lorsqu'ils remonteront le long d'une rive escarpée, et que le gaffeur du bord opposé à la rive ne pourra atteindre le fond, ce gaffeur changera de bord. Le pilote se conformera, dans ce cas, à ce qui est prescrit n.° 105.

110. L'instructeur fera conduire le bateau par deux gaffeurs sans gouvernail; ils gafferont l'un à tribord, l'autre à bâbord, pour le faire remonter contre le courant.

Pour faire tourner rapidement le bateau à tribord (ou à bâbord), le gaffeur de bâbord (ou de tribord) se placera sur l'avant; celui de tribord (ou de bâbord) se placera sur l'arrière, et ils gafferont tous les deux perpendiculairement en travers.

S'ils remontent le bateau le long d'une rive escarpée, et que la profondeur d'eau force de piquer contre l'escarpement, les deux gaffeurs agiront du côté de la rive. L'un d'eux se placera sur l'arrière, et sans changer de place gouvernera avec sa gaffe, en gaffant convenablement en travers pour incliner toujours un peu l'avant vers la terre. L'autre gaffeur poussera en marchant de l'avant vers l'arrière.

Lorsque les deux gaffeurs devront faire traverser au bateau une rivière rapide, ils gafferont tous les deux en aval. L'un, placé sur l'arrière, gaffera sans changer de place ; il gaffera en arrière pour faire avancer le bateau lorsqu'il donne à passer sous l'angle convenable ; il gaffera en travers, en piquant au large ou sous le bateau, selon qu'il devra faire remonter l'arrière contre le courant ou le faire descendre. L'autre gaffeur poussera en marchant de l'avant vers l'arrière.

111. L'instructeur voulant terminer la manœuvre, fera diriger le bateau vers le point de la rive où l'on doit aborder. Lorsque le bateau sera près de terre, il commandera :

1. *Haut les gaffes.*
2. *Couchez vos gaffes.*
3. *Amarrez.*
4. *Débarquez.*

Au troisième commandement, le deuxième gaffeur du bord le plus près de terre saisit l'amarre, saute à terre et se conforme à ce qui est dit n.° 91. Le pilote retire son gouvernail et le pose sur les gaffes, à tribord ou à bâbord, la palette vers l'arrière. Les premiers gaffeurs replacent les tolets des rames de l'arrière ; le deuxième de tribord ceux des rames de l'avant.

Au quatrième commandement, les gaffeurs et le pilote débarquent et se forment sur la rive, comme il est prescrit n.° 93.

OBSERVATIONS.

112. Il est plus pénible de gaffer l'un après l'autre à chaque bord que de gaffer ensemble, parce que, dans le premier cas, le gaffeur est obligé d'élever la gaffe horizontalement pour la faire passer au-dessus de la tête de l'autre gaffeur de son bord ; mais il convient de gaffer ainsi sur les courants très-rapides, pour éviter de dériver après chaque coup de gaffe.

La légèreté du bateau d'équipage permet de le conduire, comme une nacelle, au moyen d'une seule gaffe, avec ou sans gouvernail. Les détails de cet exercice, par lequel on terminera l'instruction du gaffeur, appartiennent à l'*École de la nacelle à la gaffe*.

ÉCOLE DE LA NACELLE A LA RAME.

Équipement et équipage de la nacelle. Manière de la mener avec deux ou quatre rames et un gouvernail.

113. L'équipement de la nacelle d'instruction se compose ordinairement de 3 rames, dont une pour gouverner, 4 tolets pour rames, 2 tolets pour gouvernail, et une amarre.

Les rames sont placées sur le fond du corps de la nacelle, dans les angles formés par le fond et les bordages, la palette vers l'arrière. Les tolets pour rames sont dans les trous de l'avant des plats-bords; les tolets pour gouvernail sont dans les trous du nez de l'arrière. Un des bouts de l'amarre est passé dans le trou du nez de l'avant et arrêté au-dessous de ce nez par un nœud simple; un second nœud simple est fait à l'amarre au-dessus du nez; lorsque la nacelle n'est pas amarrée, le reste de ce cordage est roulé et posé sur le fond de la nacelle, près du nez, le bout libre en dessus.

114. L'équipage de la nacelle se compose d'un pilote et deux rameurs.

On peut aussi faire mener la nacelle par quatre rameurs et un pilote ; alors elle est équipée de cinq rames et se manœuvre comme le bateau.

115. La nacelle sera équipée de cinq rames lorsqu'on voudra mouiller l'ancre et la lever. Cette manœuvre s'exécutera avec la nacelle comme avec le bateau.

Lorsque la nacelle est menée par deux rameurs et un pilote, les rameurs agissent à l'avant. Le pilote gouverne par les moyens indiqués n.os 49 et suivants.

Mener une nacelle avec deux rames.

116. L'un des rameurs, placé sur l'avant, rame à tribord (ou à bâbord) ; l'autre, placé sur l'arrière, face à l'avant, rame à bâbord (ou à tribord). Le rameur de l'avant agit avec moins de force que celui de l'arrière, sans quoi la nacelle tournerait à bâbord (ou à tribord). Le rameur de l'arrière, chargé de diriger la nacelle, commande, selon qu'il le juge nécessaire, à celui de l'avant, d'augmenter ou de diminuer la force de son coup de rame, pour conserver ou donner à la nacelle la direction convenable.

117. Pour traverser une rivière, le rameur de l'arrière agit à bâbord (ou à tri-

bord), si l'on part de la rive droite (ou gauche); le rameur de l'avant agit à l'autre bord.

Mener la nacelle avec une seule rame, en descendant une rivière.

118. Le rameur emploie les moyens donnés n.os 49, 50, 51, 52 et 53.

Faire traverser une rivière à la nacelle avec une rame.

119. La nacelle étant contre la rive, le rameur se place sur l'arrière, comme il est dit n.° 49, à bâbord (ou à tribord) pour passer de la rive droite (ou gauche) à l'autre rive. Il fait serrer l'arrière de la nacelle contre terre; à cet effet, il pique au fond avec la palette en arrière et sous la nacelle, si la profondeur de l'eau le permet, et pousse, en évitant que la rame touche le bordage, sinon il agit comme il est dit n.° 52. Lorsque l'avant-bec commence à prendre le large, il pique sa rame, parallèlement à la nacelle, au fond de la rivière ou contre l'escarpement de la rive, et pousse fortement pour lancer la nacelle. Il change ensuite de bord, en passant la palette au-

dessus du nez de l'arrière, et il mène la nacelle sous l'angle de quarante-cinq degrés environ, en employant les moyens donnés n.os 50, 51, 52, ou celui donné n.° 53. Lorsqu'il approche de la rive opposée, il diminue l'angle de passage, de manière à aborder presque parallèlement à cette rive. Au moment où l'avant touche terre, il pique sa rame obliquement en arrière contre la rive, pour l'empêcher de reprendre le large.

120. Le rameur, après avoir lancé sa nacelle, comme il vient d'être dit, pourrait aussi placer sa rame entre les tolets du nez de l'arrière, et faire passer la nacelle en godillant, comme il est expliqué n.° 25; mais il traverserait moins rapidement que par les moyens donnés dans le numéro précédent.

L'instructeur voulant faire cesser la manœuvre, se conformera à ce qui est dit n° 93.

ÉCOLE DE LA NACELLE A LA GAFFE.

Équipement et équipage de la nacelle.

121. L'équipement de la nacelle se compose de deux gaffes, une rame pour gou-

verner, six tolets, dont deux pour gouvernail, et une amarre.

Les gaffes sont placées sur le fond du corps de la nacelle, dans les angles formés par le fond et les bordages, les pointes vers l'arrière; la rame est posée dans un de ces angles, la palette vers l'arrière. (*Voyez* le n.° 113 pour l'emplacement des tolets et de l'amarre.)

122. L'équipage de la nacelle se compose d'un pilote et deux gaffeurs.

Remonter la nacelle avec deux gaffes et un gouvernail.

123. Les deux gaffeurs agissent un à chaque bord, comme il est dit n.° 55; ils gaffent ensemble. Si le gouvernail n'est pas fixé au nez, le pilote agit au bord qui est du côté de la rive le long de laquelle on remonte la nacelle. Il doit avoir l'attention de la bien diriger suivant le fil de l'eau.

Si la nacelle est chargée, les gaffeurs se placent à la naissance de l'avant-bec, et y gaffent sans changer de place.

Faire traverser une rivière à la nacelle avec deux gaffes et un gouvernail.

124. Les deux gaffeurs agissent comme il vient d'être dit. Le gaffeur du bord qui se trouve en aval lorsque la nacelle donne à passer, gaffe en travers pour s'opposer à la dérive. Si le gouvernail n'est pas fixé au nez, le pilote gouverne à tribord si l'on part de la rive droite, à bâbord si l'on part de la rive gauche ; il donne à passer sous un angle de quarante-cinq degrés environ, et fait aborder presque parallèlement à la rive.

Si la nacelle est chargée, les gaffeurs se conforment à ce qui est dit n.° 123.

Mouiller l'ancre et la lever.

125. La nacelle étant conduite par deux gaffeurs et un pilote, on mouille l'ancre et on la lève conformément aux principes donnés n.ºs 85 et suivants. Les deux gaffeurs remplissent les fonctions des seconds rameurs pour la mouiller ; lorsqu'on la lève, le gaffeur de bâbord hale sur le cordage ; celui de tribord le roule et se porte au se-

cours du gaffeur de bâbord pour soulever l'ancre et la placer dans la nacelle.

Remonter la nacelle avec une gaffe et un gouvernail.

126. Le gaffeur agit au bord qui est contre la rive ; le pilote gouverne comme il est dit n.° 123.

Si la nacelle est chargée, le gaffeur se place à la naissance de l'avant-bec et gaffe sans changer de place.

Faire traverser une rivière à la nacelle avec une gaffe et un gouvernail.

127. La nacelle étant contre la rive, le gaffeur se place sur l'avant et donne un coup de gaffe du côté de cette rive, un peu en travers, en marchant de l'avant vers l'arrière, pour pousser l'avant-bec au large et lancer la nacelle. Ensuite, il change de bord et continue à gaffer en marchant de l'avant vers l'arrière; lorsque la nacelle aborde, il change de nouveau de bord, se place sur l'avant et pique en travers pour faire serrer l'avant contre terre et l'empêcher de s'en éloigner. Le pilote gouverne comme il est expliqué n.° 124.

Si la nacelle est chargée, le gaffeur se place à la naissance de l'avant-bec et gaffe sans changer de place.

Remonter la nacelle avec deux gaffes.

128. Les gaffeurs agissent au bord qui est du côté de la rive : l'un gaffe en marchant de l'avant vers l'arrière ; l'autre, placé sur l'arrière, gouverne et gaffe en même temps pour faire remonter la nacelle.

Si la nacelle est chargée, l'un des gaffeurs se place à la naissance de l'avant-bec et gaffe sans changer de position ; l'autre, placé sur l'arrière, se conforme à ce qui vient d'être dit.

Faire traverser une rivière à la nacelle avec deux gaffes.

129. La nacelle étant contre la rive, l'un des gaffeurs agit comme il est dit n.° 127 ; l'autre gaffeur, placé sur l'arrière, à tribord si l'on part de la rive droite, à bâbord si l'on part de la rive gauche, gouverne et gaffe en même temps sans changer de place.

Remonter la nacelle avec une gaffe.

130. Le gaffeur agit au bord qui est du côté de la rive le long de laquelle il remonte la nacelle. La nacelle étant parallèle à la rive, il se place vers son milieu, donne son coup de gaffe, en marchant vers l'arrière, jusqu'à ce qu'il voie que la nacelle tourne un peu vers la rive; il se porte d'autant plus en avant qu'elle a plus tourné, et gaffe plus ou moins en travers en marchant plus ou moins vers l'arrière, selon qu'il est nécessaire pour empêcher que l'avant ne touche terre, et pour que la nacelle, après chaque coup de gaffe, soit toujours un peu inclinée vers la rive de l'arrière à l'avant.

131. Si le gaffeur se reporte trop en avant, ou s'il gaffe trop en travers lorsqu'il est sur l'avant, l'avant-bec va au large; il fera retourner ce bec vers la rive en allant sur l'arrière gaffer plus ou moins en travers. Ce moyen est insuffisant sur les courants rapides, ou lorsque la nacelle a beaucoup tourné; dans ce cas, le gaffeur se porte sur l'avant, change de bord, pique en travers un peu vers l'arrière, appuie la poitrine contre la poignée, porte les mains au plat-bord, pousse fortement et marche

vers l'arrière lorsque la nacelle cède à son effort.

132. Lorsque le gaffeur ne trouve pas le fond de la rivière, il met l'arrière un peu au large et va se placer au milieu de la nacelle, d'où il pique contre l'escarpement de la rive, et gaffe sans marcher.

Si l'avant-bec va au large, le gaffeur se porte sur l'avant, pique contre la rive, tire la gaffe à lui avec la main qui est éloignée de la poignée et pousse avec l'autre main. Lorsque l'avant s'est rapproché de terre, le gaffeur retourne vers le milieu de la nacelle, et gaffe comme il vient d'être dit.

133. Lorsque la nacelle est chargée, le gaffeur peut la remonter en se plaçant sur l'arrière au bord qui est du côté de la rive, et gaffant comme il est dit n.° 57.

Il pourra aussi la remonter en se plaçant à la naissance de l'avant-bec, et gaffant tantôt à tribord, tantôt à bâbord.

Faire traverser une rivière à la nacelle avec une gaffe.

134. La nacelle étant placée parallèlement à la rive, le gaffeur agit comme il est dit n.° 127, donne à passer sous l'an-

gle de quarante-cinq degrés environ, et maintient la nacelle dans cette direction en gaffant plus ou moins en travers à l'avant ou à l'arrière.

135. Si la nacelle est chargée, le gaffeur se place à la naissance de l'avant-bec et gaffe tantôt à un bord, tantôt à l'autre, plus ou moins en travers, selon qu'il est nécessaire pour donner à la nacelle la direction convenable.

Il peut aussi se placer sur l'arrière, à bâbord, si l'on part de la rive droite, à tribord si l'on part de la rive gauche, et amener la nacelle en gaffant comme il est dit n.° 57.

136. L'instructeur voulant aborder et faire cesser la manœuvre, se conformera à ce qui est dit n.° 111.

OBSERVATION.

137. Lorsque la nacelle est gouvernée avec une rame non assujettie au nez de l'arrière, les gaffeurs, surtout s'ils ne sont pas très-adroits, fatiguent beaucoup le pilote s'ils poussent en marchant jusqu'à la naissance de l'arrière-bec; dans ce cas, l'instructeur leur recommandera de ne marcher de l'avant vers l'arrière que jusqu'au milieu environ de la nacelle.

Ordre de remplacement des rameurs d'un bateau mis hors de service pendant un passage.

138. Le bateau passant de la rive droite (ou gauche) à la rive gauche (ou droite), le premier homme manquant sera remplacé par le premier rameur de bâbord (ou de tribord).

Le deuxième manquant sera remplacé par le premier rameur de tribord (ou de bâbord).

Le troisième manquant sera remplacé par le deuxième rameur de bâbord (ou de tribord), et alors le pilote ramera à l'arrière-bec, à bâbord (ou à tribord). (*Voyez* les n.os 116 et 117.)

S'il ne restait plus qu'un seul homme pour conduire le bateau, il ramerait à l'arrière-bec contre un tolet et gouvernerait en même temps. (*Voyez* le n.° 53.)

INSTRUCTION POUR LE PILOTE.

139. Le pilote reconnaîtra, par les indications générales suivantes, le *thalweg* qu'il doit suivre en descendant la rivière.

Si une rive est escarpée et l'autre plate, le *thalweg* passe plus près de la rive escarpée que de l'autre rive : le plus souvent il rase l'escarpement.

Lorsque la rivière est sinueuse, il passe dans le rentrant des sinuosités des rives.

Si le temps est calme, on distingue facilement à l'œil le plus fort courant : il suit toujours le *thalweg*.

On reconnaît aisément les bas-fonds, qu'il faut éviter : l'eau y est ordinairement sans courant et moutonne faiblement.

Lorsque l'eau est agitée par le vent, les plus fortes vagues montrent les endroits les plus profonds.

Si l'eau est claire, sa couleur est plus foncée aux endroits profonds.

Lorsque la rivière se partage en bras inégaux, il faut suivre le plus considérable ; mais si elle se divise en bras qui offrent à peu près le même volume d'eau, il n'y a que la connaissance des localités qui puisse faire savoir lequel on doit prendre : il faut alors se diriger d'après les renseignements donnés par les bateliers du pays.

Si l'eau bouillonne et s'élève au-dessus du niveau général, il y a un écueil qu'il faut éviter.

Si l'eau tournoie et s'abaisse au-dessous du niveau général, cela indique une *eau morte*, ou un *remous*, dont il faut s'éloigner.

Autant que possible, le pilote fera précéder le bateau qui descend la rivière par une nacelle chargée de placer des balises pour indiquer le chemin qu'on doit suivre.

Lorsque le bateau remontera la rivière, il côtoiera les bas-fonds et changera de rive selon les localités.

TITRE IV.

PONTAGE, OU MANOEUVRES DE CONSTRUCTION ET DE REPLIEMENT DES PONTS.

1. Dans toutes les manœuvres de construction de ponts, on compte de la rive de départ pour numéroter les bateaux, ancres, etc.; dans toutes les manœuvres de repliement, les numéros indiquent le rang de ces objets, à partir de la rive qu'on abandonne.

On entendra par plat-bord *intérieur*, poupée *intérieure*, etc., d'un bateau, le plat-bord, la poupée, etc., les plus près de la rive de départ pendant la construction du pont, ou les plus près de la rive sur laquelle on replie le pont pendant les manœuvres de repliement. Le mot *extérieur* s'emploiera par opposition.

2. Les hommes qui devront exécuter une manœuvre de construction ou de repliement, seront rassemblés sur deux rangs et partagés en détachements placés de la droite à la gauche dans l'ordre de leurs numéros; les sections de chaque détachement subdivisé suivront entre elles le même ordre. Le chef de chaque détachement indiquera toujours d'avance aux hommes qui le composent les fonctions qu'ils auront à remplir.

Chaque chef ramènera son détachement au lieu du rassemblement, aussitôt que le détachement aura rempli ses fonctions dans la manœuvre.

CONSTRUCTION

PAR BATEAUX SUCCESSIFS D'UN PONT DE BATEAUX D'ÉQUIPAGE DE CAMPAGNE.

3. On emploiera les objets suivants dans la manœuvre de construction par bateaux successifs d'un pont de huit bateaux.

DÉSIGNATION DES OBJETS.	QUANTITÉ.	EMPLACEMENT DES OBJETS AVANT LA MANOEUVRE.
Bateaux ayant chacun deux amarres......	8	Amarrés à la rive, en aval de l'emplacement de la première culée.
Nacelles..............	5	Une est amarrée à la rive, à environ cent pas en amont de la première culée; les deux autres en aval de cette culée et en amont des bateaux.
Poutrelles, dont 14 de culées.............	65	A gauche de la première culée (on est supposé faire face à la rive opposée), empilées comme il est expliqué dans le titre II.
Madriers,...........	160	A droite de la première culée, empilés comme il est expliqué dans le titre II.

DÉSIGNATION DES OBJETS.	QUANT	EMPLACEMENT DES OBJETS AVANT LA MANOEUVRE.
Corps morts	2	Rassemblés par espèce et formant un dépôt de menus objets, peu éloigné de l'emplacement de la première culée.
Ancres	5	
Cordages d'ancres	9	
Lignes	5	
Amarres	2	
Commandes de poutrelles	90	
Commandes de guindages	38	
Commandes de billots	38	
Billots	38	
Piquets	16	
Rames à bateau	4	
——— à nacelle	15	
Gaffes à bateau	4	
——— à nacelle	6	
Masses en bois	6	
Pelles et pioches	»	
Dames	2	

4. L'officier commandant la manœuvre emploiera trois officiers, onze sous-officiers ou brigadiers et quatre-vingt-seize hommes pour jeter un pont de huit bateaux sur une rivière de rapidité moyenne. Il les partagera en sept détachements, conformément au tableau ci-après.

NUMÉROS des détachements.	Dénomination des détachements.	FORCE des détachements — Officiers.	Sous-Officiers.	Hommes.	FONCTIONS DES DÉTACHEMENTS.
1	Des culées....	1	1	8	Placer les corps-morts, planter les piquets d'amarrage pour les bateaux des culées.
2	Des ancres....	1	2	8	Jeter les ancres. I.re section, de 1 sous-officier, 4 hommes, jette les ancres d'amont. II.e section, de 1 sous-officier, 4 hommes, jette les ancres d'aval.
3	Des bateaux...	»	1	8	Amener les bateaux. I.re section, de 4 hommes, amène les 1.er, 3.e, 5.e, 7.e bateaux. II.e section, de 4 hommes, amène les 2.e, 4.e, 6.e, 8.e bateaux.
4	Des poutrelles.	»	1	10	Apporter les cinq poutrelles de chaque travée.
5	Du brêlage .	1	2	16	Recevoir les poutrelles, aider à pousser les bateaux au large, brêler les poutrelles sur les bateaux, fixer les cordages d'ancres et les traversières; couvrir. I.re section, de 2 hommes, fixe les traversières. II.e section, de 2 hommes, fixe les cordages d'ancres. III.e section, de 10 hommes, reçoit les poutrelles, aide à pousser au large, brêle les poutrelles. IV.e section, de 2 hommes, couvre.
6	Des madriers.	»	2	36	Apporter les 18 madriers de chaque pontée.
7	Du guindage..	»	2	10	Guinder le pont, égaliser les madriers. I.re section, de 4 hommes, apporte les guindages. II.e section, de 4 hommes, les brêle. III.e section, de 2 hommes, égalise les madriers.
		3	11	96	

On choisira pour le deuxième détachement des hommes instruits en navigation. Il est nécessaire que, dans chaque section du troisième détachement, il y ait au moins un homme capable de gouverner un bateau.

On pourrait n'employer que dix-huit hommes au lieu de trente-six, pour porter les madriers : alors deux hommes portent deux madriers à la fois. Cette réduction n'est possible que dans le cas où le pont a peu de longueur.

5. Les objets portés au tableau du n.° 3 seront employés par les détachements ci-après désignés :

I.er Détachement	2 corps-morts ;	
	2 madriers ;	
	8 piquets de corps-mort ;	
	8 ——— d'amarrage ;	
	1 nacelle pour aller préparer la deuxième culée ;	
	5 rames à nacelle. .	équipement de la nacelle.
	2 gaffes *idem* . .	
	1 ligne.	
	4 masses en bois ;	
	» pelles	Le nombre en est déterminé par le chef du détachement, d'après la qualité de terrain à mouvoir et sa dureté ;
	» pioches	
	2 dames, pour affermir la terre rapportée.	

Détachement	Section	Objets
II.e Détach.t	I.re Section	3 ancres ; 5 cordages d'ancres ; 1 nacelle et son équipement ;
	II.e Section..	2 ancres ; 4 cordages d'ancres ; 1 nacelle et son équipement.
III.e Détachement		8 bateaux et leurs amarres ; 2 amarres, pour traversières de la dernière travée ; 85 commandes de poutrelles ; 4 rames à bateau, 4 gaffes *idem*..., 2 lignes...... pour conduire les bateaux.
IV.e Détachement.		45 poutrelles, dont 10 de culées.
V.e Détachement.		5 commandes de poutrelles, pour la 1.re culée.
VI.e Détachement.		158 madriers.
VII.e Détach.t	I.re Section..	18 poutrelles pour guindages, dont 4 de culées ;
	II.e Section..	38 commandes de guindages ; 38 ——— de billots ; 38 billots ;
	III.e Section	2 masses en bois, pour égaliser les madriers.

DÉTAILS DE CONSTRUCTION.

PREMIER DÉTACHEMENT.

Asseoir le corps-mort.

6. Le chef du détachement fait poser le corps-mort à la place qu'il doit occuper, ayant l'attention que sa direction soit perpendiculaire à celle qu'on veut donner au

pont, ce qu'il juge à l'œil. Il fait ensuite enlever le corps-mort, et creuser la rigole dans laquelle il sera enterré, ou égaliser le terrain sur lequel il posera, si on ne doit pas l'enterrer. Le corps-mort sera bien assis dans toute sa longueur et mis de niveau à vue d'œil; derrière le corps-mort on met de champ un madrier, qui s'élève au-dessus du corps-mort d'une hauteur égale à l'équarrissage des poutrelles.

Planter les piquets de corps-mort et les piquets d'amarrage.

7. On fixe le corps-mort par quatre piquets, dont deux contre la face de devant, et les deux autres derrière le madrier de champ. Ces quatre piquets sont un peu inclinés sur le corps-mort et à deux décimètres environ de ses extrémités.

Les piquets mis devant le corps-mort se plantent tous les deux en même temps; on les enfonce jusqu'à ce que le dessus de leur tête affleure le dessus du corps-mort: on ne le dépasse que d'un décimètre au plus. On scierait leur tête si elle était plus élevée qu'on ne vient de le dire, après qu'on les aurait enfoncés jusqu'au refus. Les piquets mis derrière le madrier de champ se plantent ensuite tous les deux en même temps ; leur tête doit rester élevée de quelques centimètres au-dessus du madrier.

8. Pendant qu'on asseoit et qu'on fixe le corps-mort, quatre hommes du détachement plantent sur la rive les piquets pour l'amarrage des deux cordages d'ancres et des deux traversières du bateau de la première culée. Les piquets pour l'amarrage des cordages d'ancres sont plantés l'un à trente pas environ en amont, l'autre à trente pas environ en aval du corps-mort ; ils sont inclinés du côté opposé à l'emplacement qu'occupera le premier bateau lorsqu'il sera ponté. Les piquets pour l'amarrage des traversières sont l'un à trois pas et demi en amont, l'autre à deux pas et demi en aval du corps-mort ; ils sont inclinés du côté opposé à la rivière.

9. Le détachement est employé à raccorder le terrain avec le tablier du pont (1) ; ensuite il embarque les objets nécessaires pour préparer la deuxième culée, dans une

---

(1) Le premier détachement n'est point chargé des mouvements de terre lorsqu'ils sont considérables ; ce travail est alors exécuté par des hommes qu'on en charge spécialement.

des nacelles placées en aval de la première culée, passe avec cette nacelle sur l'autre rive, et prépare la deuxième culée comme la première.

Lorsque le dernier bateau sera poussé au large, trois hommes du détachement conduiront la nacelle contre le côté extérieur de ce bateau, pour recevoir le bout des poutrelles de la deuxième culée, et la dirigeront pendant qu'on la poussera contre la rive.

DEUXIÈME DÉTACHEMENT.

Mouiller les ancres.

10. Chaque nacelle est conduite par le sous-officier ou brigadier et les quatre hommes d'une section. Le sous-officier ou brigadier gouverne s'il est capable de remplir cette fonction.

L'officier, chef du détachement, indiquera au chef de la première section les points sur les rives à hauteur desquels il doit mouiller les ancres d'amont, de manière qu'elles soient jetées à quatre-vingt-dix pas environ du pont. Il dira aux chefs des deux sections le rang qu'occuperont sous le pont les bateaux qui devront être ancrés. Si le pont est construit pendant le jour, l'officier se placera sur le tablier, près du dernier bateau ponté, pour faire le signal convenu auquel l'ancre doit être jetée à l'eau : l'ancre est bien placée lorsque son cordage étant amarré au bateau se trouve dans la direction du courant.

PREMIÈRE SECTION.

11. La section fixe un bout d'un cordage d'ancre au piquet d'amarrage planté en amont de la première culée, déploie ce cordage et en donne le bout libre à l'homme du cinquième détachement placé dans le bateau de la culée pour le recevoir ; elle fixe de la même manière un bout d'un cordage d'ancre au piquet d'amarrage planté en amont de la deuxième culée.

Mouiller les ancres d'amont.

12. Pour mouiller la première ancre d'amont, les hommes de la section roulent son cordage dans une nacelle, comme il est expliqué n.° 85 du titre III ; ils placent l'ancre sur le nez de l'avant, prête à être mouillée, comme il est dit n.° 86 du même titre ; ils poussent la nacelle au large et la conduisent à la rame vers l'endroit où l'ancre

doit être jetée. Au signal de l'officier, le pilote dresse la nacelle et fait le commandement *mouillez*, qui est exécuté d'après les principes donnés n.° 87 du titre précité. La nacelle descendant sur le cordage vient aborder le bateau amené près du dernier ponté; les hommes de la section passent le cordage à l'homme du cinquième détachement qui est dans ce bateau pour le recevoir; puis ils remontent la nacelle et vont regagner la rive pour procéder de même au mouillage des autres ancres d'amont.

13. Si le courant est rapide et que la nacelle descendue sur le cordage d'ancre ne puisse aborder le bateau, les hommes de la nacelle fixent le cordage d'ancre aux tolets de l'avant du bord extérieur, et le pilote incline la nacelle vers la première rive; par ce moyen la nacelle aborde le bateau. Dans le cas d'un courant rapide, il est dangereux de remonter immédiatement la nacelle en amont du pont; alors deux hommes débarquent et montent sur le tablier tenant une ligne amarrée à la nacelle; la nacelle descend au moyen de ce cordage en aval du pont; elle est menée à la ligne au-dessous de la culée et remontée jusqu'au dépôt des ancres, en passant sous une des travées voisines de la rive.

2.e SECTION.

14. La section fixe un bout de cordage d'ancre au piquet d'amarrage planté en aval de la première culée, déploie ce cordage et en donne le bout libre à l'homme du cinquième détachement placé dans le bateau de la culée pour le recevoir. Elle fixe de la même manière un bout d'un cordage d'ancre au piquet d'amarrage planté en aval de la deuxième culée.

Mouiller les ancres d'aval.

15. Les hommes de la section placent une ancre, prête à être mouillée, sur le nez de l'avant d'une nacelle; un des bouts d'un cordage d'ancre est amarré à l'organeau de l'ancre, et le reste de ce cordage est roulé sur le fond de la nacelle comme il est expliqué n.° 85 du titre III. Ces dispositions faites, le sous-officier et deux hommes s'embarquent dans la nacelle; les deux autres, halant de dessus le tablier du pont, la conduisent à la ligne derrière et contre le bateau à ancrer. Les hommes embarqués donnent le bout de dessus du cordage d'ancre à l'homme du cinquième détachement chargé de le recevoir. Dès que ce cordage

est amarré au bateau, les hommes qui tiennent la ligue filent de la ligne, ceux qui sont embarqués filent du cordage d'ancre, et lorsqu'il n'y a plus que deux ou trois tours de cordage d'ancre dans la nacelle, ils les jettent à l'eau ainsi que l'ancre. Les hommes qui tiennent la ligne ramènent la nacelle à la rive. La section agit de la même manière pour mouiller la deuxième ancre d'aval.

TROISIÈME DÉTACHEMENT.

Amener les bateaux.

16. Le sous-officier reste au dépôt des bateaux. Il fait munir chaque bateau de dix commandes de poutrelles, mises en paquets sur l'avant-bec, et de deux amarres, fixées par un nœud de batelier aux poupées intérieures; il fait de plus fixer deux amarres au côté extérieur du dernier bateau, et ajouter un paquet de cinq commandes sur l'avant de ce bateau.

Chaque bateau est conduit par les quatre hommes d'une section. Deux hommes halent sur une ligne amarrée à la poupée intérieure de l'avant-bec; les deux autres, dont un au moins doit savoir gouverner, embarqués dans le bateau, le dirigent chacun avec une gaffe ou une rame. La section amène ainsi le premier bateau contre la rive à hauteur du corps-mort. Les autres bateaux sont amenés successivement contre le dernier bateau ponté, bord à bord et à sa hauteur. Les deux hommes embarqués dans le bateau amené donnent le bout des amarres (ou traversières) aux hommes chargés de les recevoir, détachent la ligne et emportent les gaffes et les rames qui ont servi à conduire le bateau.

QUATRIÈME DÉTACHEMENT.

Apporter les poutrelles.

17. Chaque file du détachement porte une poutrelle, les hommes conservant toujours leur ordre de bataille.

Le sous-officier, chef du détachement, fait poser deux poutrelles à terre, à la droite de la pile de poutrelles, perpendiculairement à la longueur des poutrelles de cette pile, à 7 pas l'une de l'autre : elles serviront de chantiers pour disposer les 5 poutrelles d'une travée avant de les porter au pont.

18. Le détachement prend à la pile cinq

poutrelles de culée et les pose sur les deux chantiers, à un pas l'une de l'autre, dépassant d'un demi-pas le chantier de derrière. Les hommes du premier rang se placent à la gauche de leurs poutrelles respectives, à un pas de leur extrémité de devant ; ceux du deuxième rang à la droite de leurs poutrelles, à un pas de l'extrémité de derrière.

Le sous-officier commande :

1. *A bras.*
2. *Ferme.*
3. *A l'épaule.*
4. *Marche.*

Au premier commandement, les hommes se baissent et saisissent leurs poutrelles des deux mains.

Au second, ils les soulèvent, se dressent et les portent sur les bras.

Au troisième, ils les mettent sur l'épaule : les hommes du premier rang sur l'épaule droite, ceux du deuxième rang sur l'épaule gauche.

Au quatrième, ils marchent au pas et portent les cinq poutrelles de front.

Le sous-officier marche derrière. Il commande :

Halte,

au moment où les hommes du premier rang

arrivent près du corps-mort , et fait aussitôt après le commandement :

A bras,

auquel les hommes descendent les poutrelles sur les avant-bras, les saisissent avec les deux mains et les font avancer sur le bateau de la culée ; les hommes du premier rang vont saisir le bout de derrière des poutrelles que ceux du second rang abandonnent ; ces derniers reculent de quatre pas. Au commandement *au large*, *ferme*, du chef du cinquième détachement, les hommes du premier rang poussent les poutrelles en avant ; au commandement de *halte*, du même chef, fait au moment où leur extrémité de derrière correspond au corps-mort, ils cessent de les pousser et les abandonnent aux hommes chargés de les placer. Le chef du quatrième détachement commande :

Par le flanc gauche. — Marche,

et conduit son peloton au dépôt des poutrelles par le flanc et sur deux rangs.

19. Les cinq poutrelles de la seconde travée sont placées sur les deux chantiers et portées au pont, comme il vient d'être dit pour celles de la première ; le sous-officier commande *halte* au moment où les hommes

du premier rang arrivent sur le dernier madrier placé, et fait aussitôt après le commandement *à bras*, auquel les hommes font avancer les poutrelles sur le second bateau ; le détachement se conforme à ce qui est dit dans le n.° précédent pour pousser le second bateau au large, jusqu'à ce que l'extrémité de derrière des poutrelles dépasse le dernier madrier placé, et pour retourner au dépôt des poutrelles.

Le détachement apportera de la même manière les poutrelles des autres travées.

20. Il fera avancer les poutrelles de la dernière travée sur la nacelle amenée contre le côté extérieur du dernier bateau, et poussera cette nacelle jusque contre la deuxième rive.

Le chef du détachement aura l'attention de faire arriver les poutrelles à temps: celles d'une pontée doivent suivre immédiatement le dernier madrier de la pontée précédente; lorsque les hommes seront fatigués, il les fera changer d'épaule : les hommes du premier rang porteront alors les poutrelles sur l'épaule gauche, et ceux du second rang sur l'épaule droite. Si quelque pontonnier a une épaule plus faible que l'autre, il lui fera occuper un poste qui l'oblige à porter sur la plus forte.

CINQUIÈME DÉTACHEMENT.

PREMIÈRE SECTION.

Fixer les traversières.

21. Les deux hommes de la section reçoivent les traversières (ou amarres) que leur jettent les hommes qui ont amené le premier bateau : l'un reçoit la traversière d'amont, l'autre reçoit la traversière d'aval; ils tendent ces cordages, en embrassent d'un tour les piquets d'amarrage qui sont plantés en amont et en aval du corps-mort. Au commandement *au large*, *ferme*, ils filent du cordage autour du piquet ; au commandement de *halte*, ils cessent d'en filer ; lorsque le bateau est placé, ils embrassent le piquet d'un second tour et amarrent par deux demi-clefs. Ils entrent ensuite dans le premier bateau, et se placent à hauteur des poupées ; ils reçoivent les traversières du second bateau, font serrer ce bateau contre le premier, et embrassent les poupées extérieures du premier bateau d'un tour de cordage. Au commandement *au large*, *ferme*, ils filent du cordage ; ils cessent d'en filer à celui de *halte*. Lorsque le bateau est placé, ils tendent les traversières, embras-

sent les poupées d'un second tour de cordage et amarrent par deux demi-clefs.

Les deux hommes passent de bateau en bateau à mesure qu'ils sont amenés, et agissent de la même manière successivement dans tous les bateaux. Aussitôt que les poutrelles de la dernière travée sont placées, ils passent sur la deuxième rive avec les bouts libres des traversières extérieures du dernier bateau, et les amarrent aux piquets plantés sur cette rive.

DEUXIÈME SECTION.

Fixer les cordages d'ancre.

22. Les deux hommes de la section entrent dans le premier bateau aussitôt qu'il est amené ; ils reçoivent les bouts des cordages d'ancre amarrés aux piquets : l'un reçoit le cordage d'amont, l'autre celui d'aval.

L'homme d'amont tend son cordage, le passe en dehors de la poupée intérieure d'amont et embrasse cette poupée d'un tour de cordage. Pendant qu'on pousse le bateau au large, il le met à la hauteur indiquée par le chef du détachement, soit en filant du cordage d'ancre, soit en halant sur ce cordage ; il achève d'amarrer par le nœud de poupée. Cet homme passe de bateau en bateau à mesure qu'ils sont amenés, et agit de la même manière dans tous les bateaux.

23. Lorsque le courant est très-rapide et que le bateau poussé au large se trouve un peu trop en aval, plusieurs hommes sont chargés de l'amarrage du cordage d'ancre; ils agissent comme il suit : ils fixent un bout d'une amarre au cordage d'ancre, le plus loin possible en amont du bateau, et halent sur cette amarre pour remonter le bateau; un homme retend la partie du cordage d'ancre qui est en aval du point où l'amarre est fixée, et fait le nœud de poupée.

24. L'homme d'aval tend son cordage, le passe en dehors de la poupée intérieure d'aval, et agit du reste dans le premier bateau comme il est expliqué n.° 22. Cet homme passe de bateau en bateau à mesure qu'ils sont amenés, et agit comme il suit dans chacun des bateaux qui doivent être ancrés en aval ; il reçoit le bout du cordage d'ancre, le passe en dehors de la poupée intérieure d'aval, et embrasse cette poupée d'un tour de cordage. Aussitôt que l'ancre est mouillée, il tend le cordage et l'amarre par le nœud de poupée.

Recevoir les poutrelles et les assujétir pendant qu'on pousse le bateau au large.

25. Les cinq hommes du premier rang de la section entrent dans le bateau de la culée aussitôt qu'il est amené, et se placent à hauteur des crochets de pontage. L'homme le plus près de l'avant-bec prend les dix commandes de poutrelles qui se trouvent en paquet sur ce bec, et en donne deux à chacun des quatre autres hommes; les cinq hommes accrochent une commande par sa boucle à chacun des crochets de pontage.

26. Chaque homme du premier rang reçoit le bout d'une des poutrelles de la culée; se tenant placé en amont de la poutrelle, il la fait avancer jusqu'à 15 centimètres au-delà du bateau, de manière que les entailles pour le logement des commandes de poutrelles soient au-dessus des crochets de pontage; il fait correspondre au crochet du côté extérieur du bateau la face d'amont ou la face d'aval de la poutrelle, selon que le chef du détachement ordonne de mettre les poutrelles en aval ou en amont des crochets;

il pèse avec les deux mains sur le bout de la poutrelle pendant qu'on pousse le bateau au large.

Les mêmes hommes reçoivent le bout de devant des poutrelles de la deuxième travée, aident à faire avancer ces poutrelles jusqu'à quinze centimètres au-delà du second bateau. Lorsque le quatrième détachement cesse de pousser le second bateau au large, ils saisissent le bout de derrière des poutrelles de la deuxième travée, posent ces poutrelles sur le premier bateau, en amont ou en aval de celles de la culée, selon que ces dernières sont placées en aval ou en amont des crochets; font avancer les poutrelles de la deuxième travée, en poussant le second bateau au large, jusqu'à ce que les entailles des poutrelles des deux travées se correspondent; ils serrent l'une contre l'autre les poutrelles accouplées et les brêlent comme il suit :

Brêler les poutrelles sur les bateaux.

27. Chaque homme, placé en amont des deux poutrelles accouplées, saisit la commande fixée au crochet du côté intérieur du bateau, embrasse les poutrelles à l'endroit des entailles, et le crochet des deux

tours de commandes faits d'amont en aval, entoure deux fois tous les brins au-dessus du crochet, et termine par un nœud simple gansé, dont le bout libre pend en amont; il brêle ensuite les deux poutrelles, de la même manière, avec la commande fixée au crochet de l'autre côté du bateau.

Aussitôt que les poutrelles sont brêlées sur le premier bateau, les cinq hommes passent dans le troisième, et successivement dans tous les bateaux impairs, pour y opérer comme dans le premier.

Brêler les poutrelles sur le corps-mort.

28. Les cinq hommes du second rang de la section se placent en amont des poutrelles de la culée, pour saisir leur bout de derrière lorsque le quatrième détachement cesse de pousser le premier bateau au large; ils font avancer ou reculer ces poutrelles de manière à appuyer leur extrémité contre le madrier mis de champ derrière le corps-mort; ils les placent au-dessus des crochets du corps-mort et les brêlent avec des commandes de poutrelles accrochées par leur boucle à ces crochets. Ils exécutent le brêlage comme il est dit n.° 27, mais ils

embrassent les poutrelles et les crochets de trois tours de commande.

Ces hommes passent dans le second bateau, et successivement dans tous bateaux pairs, pour y opérer comme il est dit n.ºs 25, 26 et 27.

29. Les cinq hommes qui brêlent les poutrelles sur l'avant-dernier bateau du pont passent ensuite dans la nacelle amenée contre le dernier bateau, reçoivent le bout des poutrelles de la deuxième culée, et soutiennent ces poutrelles pendant qu'on pousse la nacelle jusque contre la deuxième rive ; ils placent les poutrelles sur le corps-mort et les brêlent, comme il est expliqué n.º 28.

QUATRIÈME SECTION.

Couvrir.

30. Un des hommes de la section a un pied posé sur chacune des deux poutrelles d'amont, et fait face à la première rive ; l'autre homme se tient de la même manière sur les deux poutrelles d'aval ; ils saisissent le premier madrier aussitôt qu'il est apporté et posé de champ sur les poutrelles, le couchent à plat sur les poutrelles, l'appuient contre les piquets plantés derrière le ma-

drier mis de champ derrière le corps-mort, de manière qu'il dépasse la poutrelle extrême d'amont, ou la poutrelle extrême d'aval, d'une largeur de poutrelle de plus que la poutrelle extrême d'aval ou d'amont, selon que les poutrelles de la seconde travée devront être placées en amont ou en aval de celles de la première. Ils posent les madriers suivants l'un à côté de l'autre, alignés par leurs extrémités et bien serrés. Lorsqu'il y a déjà huit ou dix madriers de placés, ils couchent chaque madrier qu'on apporte à quelques centimètres de distance du dernier posé, et le poussent avec force pour resserrer les madriers précédents ; ils couvrent ainsi jusqu'à cinq décimètres environ du premier bateau.

Aussitôt que les poutrelles de la deuxième travée sont brêlées avec les commandes du côté intérieur du premier bateau, les deux hommes de la section continuent à couvrir jusqu'à cinq décimètres environ du second bateau. Ils ont soin que les madriers qui couvrent le premier bateau dépassent également les poutrelles extérieures accouplées sur ce bateau ; ils continuent ainsi à couvrir successivement les poutrelles des autres travées.

31. Le chef du détachement commande

au large, ferme, lorsque tout est disposé pour pousser un bateau au large; il commande *halte* aussitôt que le bout de derrière des poutrelles dépasse le dernier madrier placé. Il veille à ce que les poutrelles des différentes travées soient mises alternativement en amont et en aval des crochets des deux bateaux qui les supportent. Un des sous-officiers surveille les détails d'exécution dans les bateaux impairs; l'autre sous-officier exerce la même surveillance dans les bateaux pairs.

SIXIÈME DÉTACHEMENT.

Apporter les madriers.

32. Chaque madrier est apporté par deux hommes de la même file du détachement; ils le tiennent sous le bras droit à 3 décimètres environ de ses extrémités, et marchent l'un derrière l'autre et par la droite du pont. Quand l'homme qui marche devant est arrivé à six pas environ du dernier madrier placé, il oblique à gauche; l'autre homme continue à marcher en avant; ils posent le madrier sur champ en travers des poutrelles et en avant du dernier madrier placé, l'abandonnent lorsqu'il a été saisi

par les hommes chargés de couvrir, et s'en retournent en file par la gauche du pont.

Le sous-officier, chef du détachement, veille à ce que les hommes portent les madriers l'un derrière l'autre, comme on vient de le prescrire, et à ce qu'ils s'en retournent au dépôt des madriers sans perdre de temps. Le second sous-officier reste au dépôt des madriers et les fait partir à temps : le premier madrier de chaque pontée doit suivre de près les poutrelles. Lorsque le dernier madrier de la pontée part du dépôt, ce sous-officier en avertit le chef du quatrième détachement ; il fait suivre les poutrelles de la première culée de douze madriers ; celles des travées suivantes, de dix-huit ; celles de la deuxième culée, de vingt ; le dix-neuvième et le vingtième madrier de cette culée seront portés avec le dix-septième et le dix-huitième.

SEPTIÈME DÉTACHEMENT.

PREMIÈRE SECTION.

Apporter les guindages.

33. Deux hommes de la section apportent les guindages de la droite du pont ; les deux autres apportent ceux de la gauche.

Chaque guindage est porté sur l'épaule par deux hommes qui le saisissent à six décimètres environ de ses extrémités : l'un porte sur l'épaule droite, l'autre sur l'épaule gauche.

L'homme qui marche derrière se charge le premier; lorsque celui de devant est chargé, l'homme de derrière commande *marche*. Quand le guindage est arrivé à hauteur de la place qu'il doit occuper au pont, l'homme de derrière commande *halte;* celui de devant se décharge le premier.

34. Les deux hommes qui ont apporté le guindage le placent au-dessus de la poutrelle extrême à laquelle il doit correspondre entièrement, et vont chercher le guindage de la travée suivante.

DEUXIÈME SECTION.

Brêler les guindages.

35. Deux hommes de la section brêlent les guindages de la droite du pont, les deux autres brêlent ceux de la gauche.

Ils s'assurent que le premier guindage correspond bien à la poutrelle extrême du tablier, et ils le brêlent comme il suit : un homme fait passer un bout d'une commande de guindage entre le deuxième et le troisième madrier, en dedans du guindage; l'autre saisit ce bout de la commande, en embrasse le dessous de la poutrelle, le fait repasser entre les mêmes madriers, en dehors du guindage; le premier prend ce bout, fait glisser la commande de manière que son milieu soit sous le milieu de la poutrelle, entrelace les deux bouts de la commande au-dessus du guindage et fait passer les bouts excédants entre les madriers; il prend un billot, le passe entre le dessus du guindage et la commande, et brêle en tournant ce billot jusqu'à ce que la commande soit bien tendue, et que le billot se trouve dans la direction de la longueur du guindage. L'autre homme passe un bout d'une commande de billot entre deux madriers et sous le guindage, à une largeur de madrier de distance de la commande de guindage; ramène les deux bouts de la commande de billot au-dessus du guindage, les croise et fait un nœud simple sous le long bout du billot; les ramène au-dessus du billot et fait un nœud droit gansé. Ils brêlent de même le guindage au milieu de la portée des poutrelles de la culée, et vont ensuite exécuter un brêlage semblable au milieu de la larg ur du premier bateau; la commande de guindage de ce dernier brêlage embrasse les deux poutrelles accouplées et les deux guindages qui leur correspondent; la commande de billot passe sous les deux guindages accouplés. Ils continuent ainsi à brêler les guindages accouplés au milieu de l'intervalle entre les bateaux et au milieu de la largeur des bateaux.

Le chef du détachement fait commencer à placer les guindages aussitôt que le troisième bateau du pont est poussé au large; il s'assure qu'on les pose exactement au-dessus des poutrelles extrêmes, et qu'on tend bien les commandes de guindages, sans pourtant les forcer.

TROISIÈME SECTION.

Égaliser les madriers.

36. Les deux hommes de la section, armés chacun d'une masse en bois, égalisent les madriers à mesure qu'ils sont assujettis par les guindages.

Ils commencent par égaliser les madriers qui couvrent les bateaux, en leur faisant dépasser également les guindages extérieurs. A cet effet, l'un d'eux frappe contre le bout d'amont des madriers qui dépassent trop en amont; l'autre frappe contre le bout d'aval des madriers qui dépassent trop en aval; l'homme d'aval est subordonné à celui d'amont, qui lui indique les madriers qu'il doit frapper et le fait cesser lorsqu'ils sont assez remontés; ils alignent ensuite les autres madriers de la travée sur ceux qui couvrent les bateaux.

Le sous-officier, chef du détachement, fait placer et brêler les guindages d'amont et surveille l'alignement des madriers. Le second sous-officier fait placer et brêler les guindages d'aval.

Ensemble de la manœuvre.

37. Les hommes étant en bataille sur la rive, et formés par détachements, comme il est expliqué n.° 6, le chef de la manœuvre commande :

1. *Garde à vous.*
2. *Par bateaux successifs. — Construisez le pont.*

Au second commandement, chaque chef de détachement conduit son détachement où l'appellent ses fonctions.

38. Le commandant de la manœuvre indique au chef du premier détachement la place que le corps-mort de la première culée doit occuper sur la première rive, et le

point de la rive opposée où le pont doit aboutir ; le premier détachement prépare la première culée (n.os 6 et suivants) ; la première et la deuxième section du détachement fixent les cordages d'ancre pour le premier bateau aux piquets d'amarrage (n.os 11 et 14) ; la première section du troisième détachement amène le premier bateau (n.° 14) ; la première section du cinquième reçoit les traversières (n.° 21), et la deuxième section du même détachement reçoit les cordages d'ancre (n.os 22 et suivants) ; le quatrième détachement apporte les poutrelles de la première travée (n.° 18). Ce détachement et les hommes du premier rang de la troisième section du cinquième font avancer les poutrelles sur le bateau ; les hommes du premier rang du quatrième détachement et ceux du premier rang de la troisième section du cinquième poussent le bateau au large (n.os 18 et 26) ; les hommes du second rang de la troisième section du cinquième détachement achèvent de pousser le bateau au large et brêlent les poutrelles sur le corps-mort (n.° 28). Aussitôt que le bateau a été placé à la hauteur et à la distance convenables, la première et la deuxième section du cinquième détachement ont amarré les traversières et les cordages d'ancre (n.os 21, 22 et 24) ; le sixième détachement apporte les madriers (n.o 32), et la quatrième section du cinquième couvre jusqu'à cinq décimètres environ du bateau (n.o 30) ; la première section du deuxième détachement mouille la première ancre d'amont (n.os 12 et 13), et la deuxième section du troisième amène le second bateau; la première et la deuxième section du cinquième reçoivent les traversières et le cordage d'ancre ; le quatrième détachement apporte les poutrelles de la deuxième travée (n.o 19); ce détachement et la troisième section du cinquième font avancer les poutrelles sur le second bateau ; les hommes du premier rang du quatrième détachement et ceux du second rang de la troisième section du cinquième poussent le second bateau au large; les hommes du premier rang de la troisième section du cinquième détachement achèvent de pousser le bateau au large, accouplent les poutrelles des deux travées et les brêlent (n.os 26 et 27). Aussitôt que le second bateau a été placé à la hauteur et à la distance convenables, la première et la deuxième section du cinquième détachement ont amarré les traversières et le cordage d'ancre ; le sixième détachement apporte les madriers, et la quatrième section du cinquième couvre jusqu'à cinq décimètres environ du second bateau; le pontage des autres bateaux s'exécute de la même manière. Lorsque le troisième bateau est poussé au large, le septième détachement commence à apporter et à brêler les guindages (n.ºs 33 et suivants).

39. On jette une ancre d'amont de deux en deux, trois en trois, ou quatre en quatre bateaux, selon la rapidité du courant. Chaque bateau devant avoir un cordage d'ancre d'amont au moment où on le pousse au large, le même cordage sert pour deux, trois ou quatre bateaux. Ainsi, par exemple, si on ne jette qu'une ancre d'amont pour trois bateaux, le cordage de la première ancre servira à placer le deuxième, le troisième et le quatrième bateau, et restera amarré à ce dernier; le cordage de la deuxième ancre servira à placer le cinquième, le sixième et le septième bateau, et restera fixé au septième. On n'ancrera en aval que des bateaux ancrés aussi en amont.

REPLIEMENT

PAR BATEAUX SUCCESSIFS D'UN PONT DE BATEAUX D'ÉQUIPAGE DE CAMPAGNE.

40. On emploiera les objets suivants au repliement du pont construit dans l'article précédent.

DÉSIGNATION DES OBJETS.	QUANTITÉ.	EMPLACEMENT DES OBJETS AVANT LA MANOEUVRE.
Nacelles.......	3.	Amarrées à la rive sur laquelle on repliera le pont, ou deuxième rive, en aval du pont.
Rames à bateau.	4.	Rassemblés par espèces, et formant un dépôt de menus objets, peu éloigné de la culée de la rive sur laquelle on repliera le pont, ou deuxième culée.
——— à nacelle.	15.	
Gaffes à bateau.	4.	
——— à nacelle.	6.	
Lignes........	5.	
Commandes...	2.	
Masses en bois.	2.	
Leviers.......	2.	

41. L'officier commandant la manœuvre emploiera deux officiers, neuf sous-officiers ou brigadiers et quatre-vingt-cinq hommes au repliement d'un pont de huit bateaux tendu sur une rivière de rapidité moyenne ; il les partagera en sept détachements, conformément au tableau ci-après :

NUMÉROS des détachements.	DÉNOMINATION des Détachements.	FORCE des Détachements. Officiers.	Sous-Officiers.	Hommes.	FONCTIONS DES DÉTACHEMENTS.
1.er	Des culées.	»	1.	6.	Arracher les piquets d'amarrage, lever les corps morts.
2.e	Du guindage. . .	»	1.	6.	Débrêler les guindages, les emporter. I.re section, de deux hommes, débrêle les guindages. II.e section, de 4 hommes, les emporte.
3.e	Des madriers. . .	»	2.	36.	Emporter les madriers.
4.e	Du brêlage. . . .	1.	1.	11.	Découvrir, débrêler les poutrelles, agir aux traversières, démarrer les cordages d'ancres. I.re section, de 2 hommes, découvre. II.e section, de 5 hommes, débrêle les poutrelles. III.e section, de 2 hommes, agit aux traversières. IV.e section, de 2 hommes, démarre les cordages d'ancres d'amont.
5.e	Des poutrelles. .	»	1.	10.	Emporter les poutrelles.
6.e	Des ancres. . . .	1.	2.	8.	Lever les ancres. I.re section, de 1 sous-officier, 4 hommes, lève les ancres d'amont. II.e section, de 1 sous-officier, 4 hommes, lève les ancres d'aval.
7.e	Des bateaux. . .	»	1.	8.	Emmener les bateaux. I.re section, de 4 hommes, emmène les 1.er, 3.e, 5.e et 7.e bateaux. II.e section, de 4 hommes, emmène les 2.e, 4.e, 6.e et 8.e
		2.	9.	85.	

On pourrait n'employer que dix-huit hommes au lieu de trente-six pour emporter les madriers, alors deux hommes emportent deux madriers à la fois. Cette réduction n'est possible que lorsque le pont a peu de longueur.

On choisira pour le sixième détachement des hommes instruits en navigation. Il est nécessaire que, dans chaque section du septième détachement, il y ait au moins un homme capable de gouverner un bateau.

42. Les objets portés au tableau du n.° 65 seront employés par les détachements ci-après désignés.

I.er Détachement.	1 nacelle, pour soutenir les poutrelles de la 1.re culée pendant qu'on les ramène, et transporter sur la deuxième rive les piquets, le corps-mort et le madrier de cette culée;	
	5 rames à nacelle 2 gaffes, *idem*... 1 ligne.........	équipement de la nacelle.
	2 masses en bois. 2 leviers,....... 2 commandes...	pour arracher les piquets.
VI.e Détach.	I.re Section, 1 nacelle et son équipement; II.e Section, *idem*.	
VII.e Détach.	I.re Section, 2 rames à bateau.. 2 gaffes, *idem*.. 1 ligne.........	pour conduire les bateaux dépontés.
	II.e Section. Les mêmes objets que la 1.re section.	

DÉTAILS DE REPLIEMENT.

PREMIER DÉTACHEMENT.

43. Le détachement va placer sa nacelle sous les poutrelles de la première culée, contre la rive, pour supporter le bout de ces poutrelles et les empêcher de toucher l'eau lorsqu'on les ramène.

Arracher les piquets d'amarrage.

44. Chaque piquet d'amarrage est arraché par un homme; il l'ébranle en frappant dans tous les sens contre sa tête à coups de masse, et le soulève pour le dégager de son trou élargi. S'il ne peut le sortir ainsi, il prend une commande par son milieu, et coiffe le piquet d'un nœud de batelier, qu'il fait glisser jusqu'à terre; il couche sa masse près du piquet, pose la pince du levier sur la masse, et appuie le petit bout du levier à terre; embrasse le levier avec les deux brins de la commande, et réunit ces brins par un nœud droit gansé; il soulève avec effort le petit bout du levier.

Lever le corps-mort.

45. Aussitôt qu'on a ôté les poutrelles de la première culée, le détachement lève le

madrier de champ et le corps-mort ; il arrache les piquets de corps-morts par les moyens donnés dans le précédent numéro.

46. Le détachement ayant terminé sur la première rive, passe sur la deuxième dans une nacelle, emportant les piquets, le corps-mort et le madrier, et va déposer ces objets à l'endroit désigné pour être le dépôt des menus objets. Il opère comme sur la première rive, pour arracher les piquets d'amarrage de la deuxième rive, lever le madrier de champ et le corps-mort de la deuxième culée.

DEUXIÈME DÉTACHEMENT.

PREMIÈRE SECTION.

Débrêler les guindages.

47. L'un des deux hommes de la section débrêle les guindages d'amont ; l'autre débrêle les guindages d'aval.

Pour débrêler les guindages, l'on dénoue la commande de billot, on ôte le billot, sa commande et la commande de guindage.

Les deux hommes portent ensuite les commandes et les billots à l'endroit désigné pour être le dépôt des menus objets.

DEUXIÈME SECTION.

Emporter les guindages.

48. Deux hommes de la section emportent les guindages de la droite du pont ; les deux autres emportent les guindages de la gauche du pont (1). Avant d'emporter les guindages de la première culée, ils font avancer les guindages de la deuxième travée vers le troisième bateau, jusqu'à ce que leur extrémité soit à un mètre environ du bateau de la culée.

Les guindages sont portés au dépôt des poutrelles, comme il est expliqué n.° 33.

Le sous-officier, chef du détachement, veille à ce que les hommes de la première section rapportent soigneusement les commandes et billots au dépôt des menus objets. Il fait placer les guindages à la pile de poutrelles, ayant l'attention de faire mettre à part ceux des culées.

TROISIÈME DÉTACHEMENT.

Emporter les madriers.

49. Chaque madrier est emporté par les

(1) La droite et la gauche du pont se rapportent à la droite et à la gauche d'un homme placé sur la deuxième rive et faisant face à la première.

deux hommes d'une même file. Le madrier étant mis sur champ par la première section du quatrième détachement, est saisi à 3 décimètres environ de ses extrémités par les deux hommes chargés de l'emporter, qui le soulèvent, le mettent sous le bras droit et vont, en marchant en file par la gauche du pont, le placer au dépôt des madriers.

50. Tous les hommes du détachement vont en file par la droite du pont chercher les madriers, et les emportent en file par la gauche.

Le sous-officier, chef du détachement, s'assure que les hommes emportent les madriers, comme on vient de le prescrire et sans perdre de temps. Le second sous-officier reste au dépôt des madriers, et les fait empiler, comme il est expliqué dans le titre II.

QUATRIÈME DÉTACHEMENT.

PREMIÈRE SECTION.

Découvrir.

51. Les deux hommes de cette section sont placés comme il est dit n.° 30, faisant face à la deuxième rive. Ils éloignent

successivement chaque madrier d'environ un décimètre de celui qui le suit et le mettent sur champ, pour que les hommes chargés de l'emporter puissent le saisir facilement. Ils découvrent ainsi entièrement les poutrelles de chaque travée, aussitôt que les poutrelles de la travée précédente sont emportées.

DEUXIÈME SECTION.

Débrêler les poutrelles.

52. Quand le corps-mort de la première culée est découvert, chacun des hommes de la section se place en amont d'une des poutrelles de la culée et détache la commande qui brêle la poutrelle sur le corps-mort. L'homme qui a débrêlé la poutrelle d'amont reçoit la commande de chacun des autres hommes, forme un paquet des cinq commandes et le jette sur l'avant du bateau de la culée. Les cinq hommes de la section passent dans le premier bateau; aussitôt qu'il est découvert, chaque homme, placé en amont de deux poutrelles accouplées, détache les deux commandes qui brêlent ces poutrelles sur le bateau. Les cinq hommes élèvent les poutrelles de la première travée, afin que le cinquième détachement les sai-

sisse. L'homme qui est le plus en amont reçoit deux commandes de poutrelles de chacun des autres hommes de la section; il forme un paquet des dix commandes et le jette sur l'avant du bateau. La section passe ensuite successivement dans les autres bateaux et sur la deuxième rive, pour y opérer de la même manière.

TROISIÈME SECTION.

Agir aux traversières pour ramener les bateaux.

53. Un homme agit aux traversières d'amont, l'autre agit aux traversières d'aval. Ils détachent des piquets d'amarrage les traversières de la culée, et les jettent dans le premier bateau; ils passent ensuite dans le deuxième bateau, et démarrent les traversières qui vont du premier bateau au deuxième. Au commandement *ramenez le bateau*, *ferme*, du chef du détachement, ils tirent sur les traversières pour ramener le premier bateau contre le deuxième. Lorsqu'une section du septième détachement est prête à emmener le premier bateau, ils jettent les traversières dans ce bateau. Ils passent ensuite dans le troisième

bateau, et successivement dans tous les autres, pour y agir de la même manière.

QUATRIÈME SECTION.

Démarrer les cordages d'ancres d'amont.

54. Les hommes de la section entrent dans le bateau de la première culée et démarrent le cordage d'ancre d'amont ; aussitôt que ce bateau est ramené contre le deuxième, ils donnent le bout du cordage aux hommes de la première section du sixième détachement. Ils passent ensuite sur l'arrière du deuxième bateau, reçoivent le bout de la ligne qui leur est jeté de la nacelle de cette section, halent sur ce cordage pour arrêter la nacelle en aval du pont, conduisent la nacelle derrière et contre le bateau auquel le cordage de la première ancre d'amont est amarré, abandonnent la ligne et vont sur l'avant de ce bateau ; dès qu'il est ramené, ils démarrent son cordage d'ancre d'amont, en donnent le bout aux hommes de la nacelle et passent sur l'arrière du bateau suivant, pour y recevoir le bout de la ligne jeté de la nacelle qui vient de relever la première ancre, et mener cette nacelle derrière le bateau auquel le cordage

de la deuxième ancre d'amont est amarré. Ils continuent à agir de la même manière pour chacun des bateaux ancrés en amont.

55. Si la force du courant exige que chaque bateau soit retenu par un cordage d'amont, pour empêcher qu'il ne dérive lorsqu'on le ramène, les hommes de la section, après avoir démarré le cordage fixé au bateau ramené, le passent dans le bateau suivant et l'amarrent à ce bateau ; lorsque ce dernier bateau est ramené, ils fixent le cordage au bateau suivant : ils passent ainsi le cordage de bateau en bateau, jusqu'à ce qu'ils arrivent à un bateau ancré en amont.

56. Le sous-officier veille à ce que les quatre sections du détachement se conforment rigoureusement à ce qu'on vient de leur prescrire.

L'officier, chef du détachement, commande *ferme* lorsque tout est bien disposé pour ramener les poutrelles de la première culée. Il fait ramener les bateaux par le commandement : *ramenez le bateau*, *ferme*.

CINQUIEME DÉTACHEMENT.

Emporter les poutrelles.

57. Le sous-officier conduit son détachement sur deux rangs, par le flanc et par la

droite du pont, jusqu'à l'extrémité de la partie couverte du tablier, où il se forme en ligne ; les hommes du détachement s'avancent par file au-delà du premier madrier, sur la poutrelle qui leur correspond dans la deuxième travée ; ils se baissent et saisissent les poutrelles de la première culée au moment où elles sont élevées par la deuxième section du quatrième détachement. Au commandement de *ferme*, du chef du quatrième détachement, ils tirent sur les poutrelles, en avançant sur la partie couverte du tablier, jusqu'à ce que leur extrémité du côté de la première rive pose sur le premier madrier : alors le chef du cinquième détachement commande *halte* : l'homme du second rang charge sur l'épaule le bout de la poutrelle qu'il soutient ; celui du premier rang recule, passe de l'autre côté de la poutrelle, va se placer à six décimètres environ de son autre extrémité, et charge la poutrelle sur l'épaule ; les dix hommes étant chargés, le sous-officier commande *marche*, et le détachement porte les poutrelles de front à l'endroit où l'on doit les empiler sur la deuxième rive.

58. Le sous-officier conduit de nouveau son détachement pour faire emporter les poutrelles de la deuxième travée de la

même manière que celles de la culée, avec cette différence qu'au commandement *ramenez le bateau*, *ferme*, du chef du quatrième détachement, les hommes supportent à bras le bout des poutrelles en avançant sur la partie couverte du tablier, sans tirer sur les poutrelles, et qu'au commandement de *halte*, ils font effort en les traînant jusqu'à ce que leur extrémité du côté de la première rive pose sur le premier madrier. Le détachement emporte les poutrelles de toutes les autres travées comme celles de la deuxième.

Le sous-officier marche devant les poutrelles. Il les fait empiler comme il est expliqué au titre II.

SIXIÈME DÉTACHEMENT.

Lever les ancres.

59. Chacune des deux sections du détachement emploie une nacelle pour lever les ancres. La première section lève les ancres d'amont; la deuxième section lève les ancres d'aval.

PREMIÈRE SECTION.

Lever les ancres d'amont.

60. La nacelle de la section est conduite

à la ligne, par les deuxièmes rameurs, derrière le bateau de la première culée. Aussitôt que ce premier bateau est ramené contre le deuxième, elle est remontée le long du premier bateau; les deuxièmes rameurs s'embarquent dans la nacelle; ils reçoivent le bout du cordage d'ancre amarré à la rive, halent sur ce cordage, qu'ils appuient dans l'échancrure du nez de l'avant; les premiers rameurs roulent le cordage dans la nacelle, sur l'arrière du corps. Lorsque la nacelle est près du piquet d'amarrage, les deuxièmes rameurs sautent à terre : l'un tient l'amarre, l'autre détache le cordage du piquet; dès que le cordage d'ancre est entièrement roulé, les rameurs s'embarquent, et la section conduit la nacelle, à la rame, vers le bateau qui se trouve à l'extrémité du pont, du côté de la première rive. Lorsque la nacelle approche de ce bateau, le deuxième rameur du bord opposé à la première rive couche sa rame et plie le bout libre de la ligne; au moment où la nacelle arrive près du bateau, il jette le bout de la ligne à la quatrième section du quatrième détachement, qui conduit la nacelle derrière le bateau auquel le cordage de la première ancre d'amont est amarré. Aussitôt que ce bateau est ramené, la section remonte la nacelle le long du bateau; les deuxièmes rameurs reçoivent le bout du cordage de l'ancre, halent sur ce cordage, qu'ils appuient dans l'échancrure du nez de l'avant; les premiers rameurs roulent le cordage dans la nacelle, en avant du premier cordage; le pilote dirige la nacelle suivant le fil de l'eau; lorsque l'ancre dérape, les premiers rameurs se préparent à ramer; les deuxièmes continuent à soulever l'ancre et la rentrent dans la nacelle, à tribord si l'on replie le pont sur la rive droite, à bâbord si on le replie sur la rive gauche. Le pilote fait ramer les premiers rameurs, si la force du courant l'exige, pour ralentir la vitesse de la dérive, et dirige la nacelle de manière qu'elle vienne passer près de l'extrémité du pont. Le deuxième rameur du bord opposé à la première rive abandonne l'ancre lorsque la nacelle approche du pont, plie le bout libre de la ligne et le jette à la quatrième section du quatrième détachement, au moment où la nacelle arrive près de l'extrémité du pont. Les deuxièmes rameurs achèvent de rentrer l'ancre dans la nacelle, si elle n'y est déjà, détachent le cordage de l'organeau, couchent le jas le long de la verge et posent l'ancre sur son cordage. La nacelle menée à la ligne par la quatrième section du détaclément, derrière le bateau auquel est amarré le cordage de la deuxième ancre, lèvera de même la deuxième ancre : son cordage sera roulé en avant de celui de la première ; la troisième ancre sera levée de la même manière, et son cordage roulé sur les deux premières ancres.

61. Lorsque la troisième ancre est levée et que la nacelle est remontée jusqu'au pont, les deuxièmes rameurs débarquent sur le pont et conduisent la nacelle, à la ligne, jusqu'à la deuxième rive, en aval de la culée ; les hommes mettent à terre les trois ancres et les cordages.

La section démarre et roule à terre le cordage d'ancre d'amont fixé au bateau de la deuxième culée.

DEUXIÈME SECTION.

62. La section descend sa nacelle jusqu'à hauteur du piquet d'amarrage auquel est fixé le cordage d'ancre d'aval du bateau de la première culée ; les deuxièmes rameurs détachent le cordage du piquet, portent son bout dans la nacelle, remontent la nacelle sur ce cordage que les premiers rameurs roulent sur l'arrière ; lorsque la nacelle est arrivée derrière et contre le bateau de la culée, les deuxièmes rameurs passent dans

ce bateau, tenant la ligne amarrée à la nacelle, détachent le cordage d'ancre de la poupée, et conduisent la nacelle, à la ligne, derrière et contre le bateau auquel le cordage de la première ancre d'aval est amarré: ils s'embarquent dans la nacelle et saisissent le cordage d'ancre.

Lever les ancres d'aval.

63. Aussitôt qu'on découvre le bateau auquel est fixé le cordage d'ancre, la nacelle de la section descend sur ce cordage; les deuxièmes rameurs le maintiennent sur le milieu du nez de l'avant, et les premiers rameurs entre les tolets du nez de l'arrière; ils halent sur le cordage et soulèvent l'ancre; les premiers rameurs la rentrent dans la nacelle par l'arrière-bec, détachent le cordage de l'ancre, couchent le jas le long de la verge, et posent l'ancre en avant du premier cordage d'ancre. Les deuxièmes rameurs halent sur le cordage d'ancre pour remonter la nacelle, et les premiers le roulent sur l'ancre; lorsque la nacelle est arrivée derrière et contre le bateau, les deuxièmes rameurs passent dans le bateau, tenant la ligne; ils détachent le cordage de la poupée, et conduisent la nacelle, à la ligne, derrière le bateau auquel le cordage de la

deuxième ancre d'aval est amarré. La deuxième ancre est levée de la même manière et placée dans la nacelle en avant de la première. S'il y avait une troisième ancre, elle serait placée sur les cordages des deux premières. Les deuxièmes rameurs conduisent la nacelle, à la ligne, jusqu'à la deuxième rive. Les premiers et les deuxièmes rameurs débarquent les cordages et les ancres.

La section démarre et roule à terre le cordage d'ancre d'aval fixé au bateau de la deuxième culée.

SEPTIÈME DÉTACHEMENT.

Emmener les bateaux.

64. Chaque bateau déponté est emmené et conduit au dépôt des bateaux par les quatre hommes d'une section : deux hommes halent sur une ligne amarrée à la poupée extérieure de l'avant ; les deux autres hommes dirigent le bateau, chacun avec une gaffe ou une rame.

Deux hommes de la première section, dont un au moins doit savoir gouverner, entrent le bateau de la première culée, aussitôt qu'il est ramené contre le deuxième bateau ; ils reçoivent des deux autres hommes de la section le bout d'une ligne qu'ils amarrent à la poupée extérieure de l'avant ; les deux hommes non embarqués halent de dessus le pont, mènent le bateau à la rive et le descendent le long de cette rive, jusqu'à la distance de la culée prescrite par le chef du détachement. Les hommes embarqués jettent les amarres aux haleurs, détachent la ligne et débarquent, emportant les rames, les gaffes et les commandes de poutrelles qui étaient dans le bateau ; l'homme chargé des commandes va les porter au dépôt des menus objets ; les deux haleurs amarrent l'avant et l'arrière du bateau à la rive, et emportent la ligne.

Les deux sections du détachement se succèdent pour emmener les bateaux dépontés, conformément à ce qui vient d'être expliqué.

65. Le chef du détachement reste au dépôt des bateaux et fait amarrer l'avant et l'arrière des bateaux à la rive ou aux poupées des autres bateaux. Les premiers bateaux dépontés sont mis en file, bout à bout, contre la rive, d'aval en amont ; on forme ensuite une deuxième file de bateaux en dehors de la première.

Si la rive n'était pas garnie de piquets

d'amarrage, le chef du détachement en ferait planter un rang, à une distance de longueur de bateau l'un de l'autre.

Ensemble de la manœuvre.

66. Les hommes étant en bataille sur la deuxième rive et formés par détachements, comme il est expliqué n.° 41, le chef de la manœuvre commande :

1. *Garde à vous.*
2. *Par bateaux successifs. — Repliez le pont.*

Au second commandement, chaque chef de détachement conduit son détachement où l'appellent ses fonctions.

67. Le premier détachement place sa nacelle sous les poutrelles de la première culée (n.° 43); la première section du deuxième détachement débrêle les guindages (n.° 47), et la deuxième section du même détachement les emporte (n.° 48); la troisième section du quatrième ôte les traversières de la culée (n.° 53), la première section du même détachement découvre entièrement les poutrelles de la première culée (n.° 51), et le troisième emporte les madriers (n.os 49 et 50); la deuxième section du quatrième détache les commandes qui brêlent les poutrelles

sur le corps-mort; elle détache ensuite les commandes qui brêlent les poutrelles sur le premier bateau (n.° 52); le cinquième détachement emporte les poutrelles de la culée (n.° 57). Le premier détachement a arraché les piquets d'amarrage plantés sur la rive, aussitôt que les cordages en ont été détachés; il lève le madrier de champ et le corps-mort, arrache les piquets de corps-morts, charge tous ces objets dans sa nacelle et la conduit sur la deuxième rive (n.os 44, 45 et 46). La première section du quatrième détachement découvre entièrement les poutrelles de la travée, et le troisième détachement emporte les madriers; la deuxième section du quatrième détache les commandes qui brêlent les poutrelles sur le deuxième bateau (n.° 52); la troisième section du même détachement ramène le premier bateau (n.° 53), et le cinquième emporte les poutrelles de la deuxième travée (n.° 58); la première section du septième détachement emmène le premier bateau (n.° 64). Le repliement du pont continue de la même manière. Le sixième détachement agit comme il est expliqué n.os 59 et suivants, pour ôter les cordages d'ancres des bateaux des culées et lever les ancres d'amont et d'aval; il est aidé, pour lever les ancres d'amont, par la quatrième section du quatrième détachement (n.° 54).

CONSTRUCTION ET REPLIEMENT
DES PONTS DE GRANDS BATEAUX.

68. Le nombre d'hommes nécessaire pour exécuter les manœuvres de construction et de repliement des ponts de bateaux du commerce dépend des dimensions variables des matériaux de ces ponts et de la force du courant.

Clamauder les poutrelles des culées sur les corps-morts.

69. Chaque poutrelle de culée est fixée sur le corps-mort par deux clamaux à deux faces. Un de ces clamaux a une pointe enfoncée dans la face de devant du corps-mort, et l'autre pointe dans la face latérale de la poutrelle. Le second clamau, placé de l'autre côté de la poutrelle, a une pointe enfoncée dans le dessus du corps-mort, et l'autre pointe dans la face latérale de la poutrelle.

Clamauder les poutrelles sur les bateaux.

70. Les poutrelles sont fixées sur les bateaux par des clamaux à deux faces. Les poutrelles de la première travée sont fixées

au côté extérieur du premier bateau, chacune par un clamau à deux faces dont une des pointes est enfoncée dans le bordage, en dehors du bateau, et l'autre dans une face latérale de la poutrelle : tous les clamaux sont en amont ou en aval des poutrelles, selon qu'on devra mettre les poutrelles de la deuxième travée en aval ou en amont de celles de la première. Chaque poutrelle des autres travées est de même fixée au côté extérieur du bateau qui supporte son bout de devant.

Jumeler les poutrelles accouplées avec les clamaux.

71. On jumelle chaque couple de poutrelles avec deux clamaux à une face, placés à cinq décimètres environ des extrémités des deux poutrelles, et inclinés l'un vers l'autre. Une pointe de chaque clamau est enfoncée à coups de marteau dans la face supérieure d'une poutrelle, et l'autre pointe dans la face supérieure de l'autre poutrelle.

Lever les clamaux.

72. Lorsqu'on replie le pont, on lève les clamaux à deux faces avec des pinces en fer, et les clamaux à une face avec des pioches.

Pousser les bateaux au large.

73. Lorsque les poutrelles ont un fort équarrissage, on pousse les bateaux au large avec trois poutrelles seulement, au moyen de rouleaux mis sur le tablier du pont, sous ces poutrelles. On place les autres poutrelles à l'aide de rouleaux mis sur les trois premières et de cordages amarrés par un nœud allemand à l'extrémité des poutrelles à placer. On tire sur ces cordages de dedans le dernier bateau poussé au large.

Ponter les bateaux inégaux ou peu solides.

74. Lorsque les bateaux sont inégaux, on les range sous le pont par gradation de grandeur, afin que le tablier n'ait pas de ressauts sensibles. On placera des chevalets dans les bateaux trop bas de bordages, ou bien on mettra sur les plats-bords des échafaudages composés de traverses entaillées pour le logement des plats-bords, et d'un support mis sur les traverses dans le sens de la longueur du bateau.

On fait aussi usage de chevalets ou d'échafaudages lorsque les bateaux ne sont pas solides.

Ponter à grandes portées.

75. On emploiera encore les chevalets ou les échafaudages dans le cas où les poutrelles sont courtes et les bateaux larges, pour obtenir les plus grandes portées possibles. Les poutrelles dépasseront alors de trois décimètres environ le chapeau du chevalet, ou le support placé au milieu de la largeur du bateau; elles seront fixées par des clamaux à deux faces sur ce chapeau ou support.

76. On peut ponter à grandes portées en disposant les poutrelles comme il suit: les poutrelles de la première travée posent sur les deux plats-bords du bateau de la culée; la première, la troisième, etc., poutrelles de la deuxième travée posent sur le plat-bord extérieur du premier bateau et sur les deux plats-bords du deuxième; la deuxième, la quatrième, etc., poutrelles posent sur les deux plats-bords du premier bateau et sur le plat-bord intérieur du deuxième; la première, la troisième, etc., poutrelles de la troisième travée posent sur le plat-bord extérieur du deuxième bateau et sur les deux plats-bords du troisième; la deuxième, la quatrième, etc., poutrelles de cette travée posent sur les deux plats-bords du deuxième bateau et sur le plat-bord intérieur du troisième; et ainsi de suite.

77. Si les bateaux sont d'une construction très-solide, on peut obtenir des portées encore plus grandes en ne faisant poser les poutrelles que sur un plat-bord de chacun des deux bateaux qui les supportent ; on mettra d'autres poutrelles allant d'un plat-bord d'un bateau à l'autre platbord du même bateau ; mais il faut être bien assuré de la force des bateaux pour employer ce mode de pontage.

78. Lorsqu'on manque d'ancres ou de grappins, ou lorsque la nature du fond de la rivière ne permet pas de les employer, on y supplée par des paniers d'ancrage ou par d'autres corps-perdus.

Mouillage des paniers d'ancrage et autres corps-perdus.

79. Un sous-officier fera exécuter cette manœuvre par huit hommes.

Ils emploieront :

- 2 bateaux d'équipage et leurs quatre amarres,
- 5 rames à bateau,
- 4 gaffes à bateau,
- 1 ligne,
- 1 panier, son arbre et la clavette de l'arbre,

1 cordage d'ancre,
2 bouts de poutrelles, de trois mètres et demi au moins de longueur,
2 cales,
4 commandes de poutrelles,
» pierres pour remplir le panier,
» branches d'arbres pour fermer le panier.

Si le panier doit être rempli de terre glaise, il faut de plus des pelles et une dame.

80. Pour mouiller le panier, on amarre un bateau contre la rive; on fixe un deuxième bateau bord à bord contre le premier, au moyen des amarres du deuxième bateau, avec lesquelles on embrasse les poupées contiguës. On pose en travers sur les bateaux, vers leur centre, deux poutrelles éloignées l'une de l'autre d'une distance moindre que la longueur du panier et dépassant d'un décimètre du côté de la rive le plat-bord qui est près de cette rive. On brêle les poutrelles sur le bord extérieur du deuxième bateau avec deux commandes, dont on embrasse les tringles ou les crochets de pontage de ce bord. On apporte le panier garni de son arbre, et on le pose sur la rive, près des bateaux, l'arbre tourné en aval ou amont, selon que le panier de-

vra être mouillé en amont ou aval du pont; on roule un cordage d'ancre sur l'avant du deuxième bateau, et l'on amarre le bout de dessus de ce cordage au petit bout de l'arbre. On place le panier sur les poutrelles au milieu de la largeur du premier bateau, l'ouverture en dessus, l'arbre incliné du gros au petit bout vers la ligne du milieu du deuxième bateau. On assujétit le panier dans cette position au moyen de deux cales mises sur les poutrelles et contre le panier du côté du deuxième bateau, et de deux commandes accrochées par leur boucle aux crochets de pontage du bord intérieur du deuxième bateau; elles embrassent l'arbre de dessous en dessus, l'une en avant, l'autre en arrière du panier, et sont amarrées aux mêmes crochets. On remplit le panier; on ferme son ouverture avec des branches entrelacées; on conduit le panier où l'on veut le mouiller; on détache à la fois les quatre commandes : le panier roule et tombe à l'eau.

Les hommes qui mouillent le panier doivent se baisser au moment où on lâche les commandes, pour éviter d'être blessés par les poutrelles.

Pour que le panier soit bien mouillé, il faut que l'arbre soit dans la direction du courant. Le petit bout de l'arbre doit toujours être tourné vers le pont.

81. On mouille par les mêmes moyens les caisses et autres corps-perdus.

On mouillerait des corps-perdus avec un grand bateau ou avec d'autres bateaux que ceux de l'équipage par une manœuvre analogue à celle qui vient d'être décrite.

CONSTRUCTION DES PONTS DE CHEVALETS.

82. On emploiera un des deux moyens suivants pour placer les chevalets :

Premier moyen. Des hommes entrent dans l'eau, lorsque sa profondeur le permet, et asseoient les chevalets.

Deuxième moyen. On se sert de deux longues poutrelles pour mettre les chevalets au large et les asseoir.

83. On emploiera les objets suivants dans la manœuvre de construction d'un pont de douze chevalets.

DÉSIGNATION DES OBJETS.	QUANTITÉ.	EMPLACEMENT DES OBJETS AVANT LA MANOEUVRE.
Chevalets.	12	Sur la première rive, près de l'emplacement de la première culée. Rassemblés par ordre de hauteur, ou dans l'ordre de leur placement au pont, si la rive a été sondée.
Nacelle.	1	Amarrée à la rive, en aval de la première culée.
Poutrelles.	91	Empilées à la gauche de la première culée.
Madriers.	163	Empilés à la droite de la première culée.
Poutrelles de manœuvre.	2	Près des poutrelles du tablier. (Elles ont 12 mètres de longueur sur 16 centimètres d'équarrissage.)

DÉSIGNATION DES OBJETS.	QUANTITÉ.	EMPLACEMENT DES OBJETS AVANT LA MANOEUVRE.
Corps-morts	2	
Commandes de guindage.	54	Rassemblés par espèces et formant un dépôt de menus objets, peu éloigné de l'emplacement de la première culée.
——— de billot. . .	54	
Billots.	54	
Piquets de corps-morts. .	8	
Clamaux à 1 face . . .	120	
——— à 2 faces. . .	80	
Rames à nacelle.	5	
Gaffes à nacelle	2	
Ligne.	1	
Commandes d'environ 5 mètres de longueur. .	2	
Rouleau.	1	
Marteaux.	7	
Masses en bois . . .	4	
Pelles	»	
Pioches.	»	
Dames.	2	

84. L'officier commandant la manœuvre emploiera deux officiers, huit sous-officiers ou brigadiers et quatre-vingt un hommes, pour construire un pont de douze chevalets. Il les partagera en six détachements, conformément au tableau ci-après :

NUMÉROS des détachements.	DÉNOMINATION des Détachements.	FORCE des Détachements.			FONCTIONS DES DÉTACHEMENTS
		Officiers.	Sous-Officiers.	Hommes.	
1.er	Des culées....	1	1	6	Préparer les culées.
2.e	Des chevalets....	»	1	12	Apporter les chevalets. I.re section, de 6 hommes, apporte les 1.er, 3.e, 5.e, etc., chevalets. II.e section, de 6 hommes, apporte les 2.e, 4.e, 6.e, etc., chevalets
3.e	Du placement des chevalets. .	1	1	[illegible]	Placer les chevalets; clamauder les poutrelles, couvrir. I.re section, de 8 hommes, place les chevalets. II.e section, de 5 hommes, clamaude les poutrelles sur les chapeaux des chevalets et sur le corps-mort de la deuxième culée. III.e section, de 6 hommes, clamaude les poutrelles sur le corps-mort de la première culée et jumelle les poutrelles. IV.e section, de 2 hommes, couvre.
4.e	Des poutrelles. .	»	1	10	Apporter les 5 poutrelles de chaque travée.
5.e	Des madriers....	»	2	24	Apporter les madriers de chaque poutée.
6.e	Du guindage....	»	2	10	Guinder le pont, égaliser les madriers. I.re section, de 4 hommes, apporte les guindages. II.e section, de 4 hommes, les brêle. III.e section, de 2 hommes, égalise les madriers.
		2	8	81	

85. Les objets portés au tableau du n.° 83 seront employés par les détachements ci-après désignés :

I.er Détachement.

- 2 corps-morts ;
- 2 madriers ;
- 8 piquets de corps-morts ;
- 1 nacelle pour aller préparer la 2.e culée ;
- 5 rames à nacelle, 2 gaffes *idem*, 1 ligne, — équipement de la nacelle ;
- 2 masses en bois ;
- » pelles ;
- » pioches ;
- 2 dames.

II.e Détachement. 12 chevalets.

III.e Détachement.

- I.re Section...
  - 2 commandes, 2 pelles, — pour placer les chevalets par le 1.er moyen ;
  - 2 poutrelles de manœuvre, 1 rouleau, — pour placer les chevalets par le 2.e moyen ;
- II.e Section...
  - 80 clamaux à 2 faces ;
  - 2 marteaux ;
- III.e Section...
  - 120 clamaux à 1 face ;
  - 5 marteaux.
- IV.e Section... 2 commandes... — pour attacher les chapeaux des chevalets sur les poutrelles de manœuvre, lorsqu'on place les chevalets par le 2.e moyen.

IV.e Détachement.		65 poutrelles.
V.e Détachement		161 madriers.
VI.e Détachem.	I.re Section.	26 poutrelles.
	II.e Section.	54 commandes de guindages;
		54 ——— de billots;
		54 billots.
	III.e Section.	2 masses en bois.

DÉTAILS DE CONSTRUCTION.

PREMIER DÉTACHEMENT.

Préparer les culées.

86. Le détachement se conforme à ce qui est expliqué n.os 6, 7 et 9.

DEUXIÈME DÉTACHEMENT.

Apporter les chevalets.

87. Chaque chevalet est porté couché par les six hommes d'une section : quatre hommes, placés du côté opposé aux pieds, portent le chapeau du chevalet sur l'épaule; les deux autres portent ses pieds sur les bras.

Lorsque le chevalet doit être placé par le premier moyen, les hommes de la section le posent sur l'extrémité du tablier du pont, le tournent les pieds en avant, et le donnent aux hommes du troisième détachement qui sont dans l'eau pour le recevoir.

Lorsque le chevalet doit être placé par le deuxième moyen, les hommes de la section le posent sur les deux poutrelles de manœuvre, le tournent les pieds en avant, le poussent et le font avancer sur ces poutrelles jusqu'à ce qu'il soit au-delà du dernier chevalet ponté et que ses pieds soient pendants.

Les deux sections du détachement alternent pour apporter les chevalets.

88. Le sous-officier, chef du détachement, prend les ordres du chef du troisième détachement, relativement à la hauteur des chevalets qu'il faut faire apporter.

TROISIÈME DÉTACHEMENT.

PREMIÈRE SECTION.

Placer les chevalets par le premier moyen.

89. Les hommes de la section entrent dans l'eau. Ils reçoivent le chevalet que leur donnent les hommes qui l'ont apporté, et l'asseient sur le fond de la rivière, dans l'alignement du pont, à quatre mètres de milieu à milieu du dernier chevalet ponté. Pour mettre exactement le chevalet à cette distance, deux hommes de la section atta-

chent, par un nœud coulant, à chaque extrémité du chapeau du dernier chevalet ponté, une commande à laquelle est fait un nœud marquant l'intervalle qu'il doit y avoir entre les chapeaux des chevalets.

Lorsque le fond sur lequel pose le chevalet est inégal, les hommes creusent avec des pelles les endroits trop élevés qui se trouvent sous ses pieds. S'ils ne peuvent pas creuser le fond, ils cherchent, par tâtonnement, à placer le chevalet de manière qu'il soit bien assis, sans s'assujétir à le mettre exactement ni à la hauteur du dernier ponté, ni à la distance prescrite.

90. Quand le chevalet est placé, les hommes de la section reçoivent un bout des poutrelles de la travée et le posent sur le chevalet. Ils font avancer les poutrelles sur le chapeau, jusqu'à ce qu'elles le dépassent de la quantité indiquée par le chef du détachement.

Placer les chevalets par le deuxième moyen.

91. Les hommes de la section placent un rouleau parallèlement au corps-mort, à cinq pas en arrière du corps-mort, sur le terrain, s'il est ferme et uni; sur deux poutrelles

mises en travers du rouleau, si le terrain est remué et inégal. Ils posent les deux poutrelles de manœuvre sur le rouleau de manière que les commandes se trouvent fixées à la face intérieure du bout de devant des poutrelles, font avancer ces poutrelles jusqu'à un mètre environ au-delà du corps-mort, donnent aux poutrelles un écartement d'environ trois mètres aux bouts de devant, et d'un mètre environ aux bouts de derrière. Au commandement *au large*, *ferme*, du chef du détachement, fait aussitôt que le chapeau du chevalet est attaché sur les poutrelles de manœuvre, les hommes de la section, quatre à chaque poutrelle, poussent ces poutrelles en avant et pèsent en même temps sur leur bout de derrière. Au commandement de *halte*, du chef du détachement, fait au moment où le chevalet est assez au large, ils cessent de pousser et continuent de peser sur les poutrelles. Au commandement *remontez* (ou *descendez*) *le chevalet*, fait par le même chef lorsque le chevalet n'est pas dans l'alignement qu'on veut donner au pont, ils font glisser lentement le bout de derrière des poutrelles du côté d'aval ou d'amont. Au commandement *posez*, fait aussitôt que le chevalet est à la hauteur convenable, ils cessent de peser sur les poutrelles et les soulèvent au contraire brusquement, pour asseoir le chevalet sur le fond de la rivière. Si le chevalet se trouve posé trop en aval (ou en amont), le chef du détachement commande de nouveau *remontez* (ou *descendez*) *le chevalet* : à ce commandement, les hommes de la section pèsent sur les poutrelles de manière à soulever très-peu le chevalet, et poussent le bout de derrière de ces poutrelles du côté d'aval (ou d'amont). Au commandement *posez*, ils soulèvent les poutrelles. Si un des bouts du chevalet assis est trop (ou trop peu) au large, le chef du détachement commande : *ramenez* (ou *poussez au large*) *le bout d'amont* ou *d'aval* : à ce commandement, les hommes de la poutrelle du bout qui ne doit pas bouger, soulèvent leur poutrelle jusqu'à ce qu'elle ne pose plus sur le rouleau; les hommes de l'autre poutrelle pèsent sur la leur de manière à soulever très-peu le bout du chevalet ; ils tirent sur leur poutrelle ou la poussent, pour ramener ou pousser au large le bout désigné du chevalet ; au commandement *posez*, ils soulèvent leur poutrelle.

Quand les poutrelles de manœuvre seront détachées du chevalet, les hommes de la section les retireront sur le rouleau, en arrière du corps-mort. Dès que les poutrelles de la première travée seront couvertes, ils feront avancer les poutrelles de manœuvre sur le rouleau, et placeront ces poutrelles et le rouleau, par rapport au chapeau du premier chevalet, comme ils les ont précédemment disposés par rapport au corps-mort. La section placera le deuxième chevalet comme elle a placé le premier. Lorsque les poutrelles de manœuvre seront détachées du deuxième chevalet, la section les retirera en arrière, sur le rouleau, jusque sur la partie couverte du tablier. Elle opérera de la même manière pour placer les autres chevalets par le deuxième moyen.

DEUXIÈME SECTION.

Clamauder les poutrelles sur les chapeaux des chevalets.

92. Deux hommes de la section clamaudent les poutrelles ; le troisième les approvisionne de clamaux.

Lorsque le premier chevalet est placé par le premier moyen, les deux clamaudeurs passent sur les poutrelles de la première travée et les espacent sur le chapeau du chevalet, en faisant correspondre aux cinq marques du chapeau la face latérale d'aval ou la face latérale d'amont des poutrelles, selon que le chef du détachement ordonne de mettre les poutrelles en amont ou en aval des marques. Ils fixent ensuite chaque poutrelle sur le chapeau au moyen d'un clamau à deux faces placé du côté de la poutrelle opposé à la marque, et dont ils enfoncent une des pointes dans la face latérale intérieure du chapeau, et l'autre pointe dans la face latérale de la poutrelle. Lorsque le deuxième chevalet est placé par le premier moyen, les deux clamaudeurs passent sur les poutrelles de la deuxième travée et les espacent sur le chapeau du deuxième chevalet, en les mettant en aval ou en amont des marques qui sont sur le chapeau, selon que les poutrelles de la première travée ont été mises en amont ou en aval des marques du chapeau du premier chevalet. Ils clamaudent les poutrelles de la deuxième travée sur le chapeau du deuxième chevalet comme il vient d'être dit, et ils continuent d'agir de la même manière pour espacer et clamauder les poutrelles des autres travées.

L'homme chargé d'approvisionner les deux clamaudeurs leur fournit, pour chaque travée de poutrelles, cinq clamaux à deux faces, dont les pointes soient tournées dans le sens convenable.

93. Quand un chevalet est placé par le deuxième moyen, les deux clamaudeurs, passant sur les poutrelles de manœuvre, vont sur le chapeau du chevalet, reçoivent le bout de devant des poutrelles de la travée, posent ce bout sur le chapeau et détachent les poutrelles de manœuvre du chevalet. Ils espacent ensuite les poutrelles de la travée, et les clamaudent comme il est expliqué n.° 92.

Clamauder les poutrelles sur le corps-mort de la deuxième culée.

94. Les deux clamaudeurs fixent chaque poutrelle de la dernière travée sur le corps-mort, avec deux clamaux à deux faces, disposés comme il est dit n.° 69.

TROISIÈME SECTION.

95. Cinq hommes de la section clamaudent les poutrelles; le sixième homme approvisionne les clamaudeurs.

Clamauder les poutrelles sur le corps-mort de la première culée.

96. Le sous-officier du détachement fait fixer les poutrelles de la première culée sur le corps-mort, par deux clamaudeurs de la section, comme il est dit n.° 94.

Jumeler les poutrelles.

97. Les cinq clamaudeurs de la section serrent l'une contre l'autre les poutrelles accouplées des deux premières travées, et jumellent chaque couple avec deux clamaux à une face qu'ils font converger, et dont ils enfoncent les pointes dans les faces supérieures des poutrelles. Ils jumellent de la même manière les poutrelles de la deuxième et de la troisième travée, et ainsi de suite.

QUATRIÈME SECTION

Couvrir, attacher les chapeaux des chevalets sur les poutrelles de manœuvre.

98. Lorsqu'on place les chevalets par le premier moyen, la section couvre succes-

sivement les poutrelles des travées, jusqu'à 6 décimètres environ des chapeaux, comme il est expliqué n.° 30.

99. Lorsqu'on place les chevalets par le deuxième moyen, les deux hommes de la section fixent une commande à chaque poutrelle de manœuvre, près de son extrémité de devant, au moyen d'un clamau à une face. Pendant qu'on fait glisser un chevalet sur les poutrelles de manœuvre, ils passent les deux commandes par-dessus son chapeau et tendent convenablement ces cordages, pour empêcher que le chevalet ne tombe à l'eau. Quand le chevalet est poussé au-delà du dernier ponté et que ses pieds sont pendants, ils attachent solidement son chapeau sur les poutrelles de manœuvre, au moyen des deux commandes, et par un brêlage facile à défaire. Ils couvriront, comme il est dit n.° 98.

100. Le sous-officier veille à ce que les quatre sections du détachement se conforment à ce qu'on vient de prescrire. Lorsqu'on place les chevalets par le deuxième moyen, il fait attacher les commandes aux poutrelles de manœuvre comme il est dit n.° 99, et fait faire une marque apparente sur chacune de ces poutrelles, à quatre mètres des points où les commandes sont

fixées. Ces marques serviront à pousser les chevalets à quatre mètres au large, sans tâtonnement. Quand les chevalets sont bas, et que les espaces compris entre les montants, le chapeau et les liens sont trop resserrés pour recevoir les bouts des poutrelles de manœuvre, il fait rapprocher ces bouts de manière qu'ils se trouvent contre les liens, dans les angles obtus formés par les liens et le chapeau.

L'officier, chef du détachement, dirige l'ensemble des opérations des quatre sections. Il fait les commandements prescrits aussitôt que tout est préparé pour leur exécution.

QUATRIÈME DÉTACHEMENT.

Apporter les poutrelles.

101. Le détachement apporte les poutrelles d'une manière analogue à ce qui est prescrit n.ºs 17 et suivants.

Quand le chevalet a été placé par le premier moyen, les hommes du premier rang qui portent le bout de devant des poutrelles donnent ce bout au troisième détachement, et vont saisir l'autre bout, que les hommes du deuxième rang abandonnent. Les hommes du premier rang placent le bout de derrière des poutrelles sur le chapeau du dernier chevalet ponté.

102. Quand le chevalet a été placé par le deuxième moyen, les hommes qui portent la première et la cinquième poutrelle, les font glisser un peu obliquement sur les poutrelles de manœuvre, jusqu'à ce que leur bout de devant puisse être saisi et placé sur le chapeau du chevalet; les hommes qui portaient le bout de devant des poutrelles placent le bout de derrière sur le dernier chevalet ponté. Les hommes de ces deux poutrelles se retirent en arrière des autres poutrelles de la travée. Les hommes de la deuxième et de la quatrième poutrelle font de même avancer leurs poutrelles sur les deux déjà placées. Enfin, ceux de la troisième poutrelle font avancer la leur sur la deuxième ou sur la quatrième poutrelle.

CINQUIÈME DÉTACHEMENT.

Apporter les madriers.

103. Le détachement apporte les madriers comme il est dit n.° 32. Les sous-officiers se conforment à ce qui est prescrit. Les poutrelles de la première culée seront sui-

vies de dix madriers ; celles des travées suivantes de douze ou treize, selon qu'il est nécessaire pour couvrir jusqu'à 6 décimètres en deçà du dernier chevalet placé ; celles de la deuxième culée seront suivies de seize madriers.

SIXIÈME DÉTACHEMENT.

PREMIÈRE SECTION.

Apporter les guindages.

104. La section apporte les guindages comme il est expliqué n.° 33.

DEUXIÈME SECTION.

Brêler les guindages.

105. La section brêle les guindages, au milieu de l'intervalle entre les supports du tablier, et près de ces supports, comme il est dit n.° 35.

TROISIÈME SECTION.

Égaliser les madriers.

106. La section égalise les madriers conformément aux principes donnés n.° 36.

Ensemble de la manœuvre.

107. Les hommes étant en bataille sur la rive et formés par détachements, comme il est expliqué n.° 84, le chef de la manœuvre commande :

1. *Garde à vous.*
2. *Construisez le pont.*

Au second commandement, chaque chef de détachement conduit son détachement où l'appellent ses fonctions.

108. Le premier détachement prépare la première culée, et va ensuite préparer la deuxième (n.° 86) ; le deuxième détachement apporte les chevalets (n.ºs 87 et 88) ; la première section du troisième les place par le premier moyen (n.ºs 89 et 90), ou par le deuxième moyen (n.° 91). Le quatrième détachement apporte les poutrelles (n.ºs 101 et 102) ; la deuxième et la troisième section du troisième clamaudent les poutrelles (n.ºs 92 et 93). Le cinquième détachement apporte les madriers (n.° 103) ; la quatrième section du troisième couvre (n.ºs 98 et 99). Enfin, le sixième détachement guinde le pont et égalise les madriers (n.ºs 104 et suivants).

OBSERVATIONS.

109. Le chef de la manœuvre pourra faire amener les chevalets en les traînant dans l'eau avec une ligne, lorsqu'ils devront être placés par le premier moyen, et qu'il y aura en aval du pont une profondeur d'eau suffisante.

110. Au défaut des deux longues poutrelles de manœuvre qui servent à placer les chevalets par le deuxième moyen, on peut employer des poutrelles ordinaires, accouplées sur une longueur d'un mètre environ et jumelées avec des clamaux.

111. Quand on voudra placer des chevalets, par le deuxième moyen, dans un courant rapide (de plus d'un mètre et demi de vitesse par seconde), une nacelle mouillera une ancre, se laissera descendre sur le cordage d'ancre, se placera à côté du chevalet qui est supporté par les poutrelles de manœuvre, et s'amarrera aux montants extérieurs : le chevalet, retenu par le cordage d'ancre, ne dérivera pas pendant qu'on le poussera au large. On ne détachera la nacelle du chevalet que lorsqu'il sera ponté. Lorsque la rivière a deux mètres au moins de profondeur, on amarre le cordage à demeure au chevalet pour l'empêcher de chasser.

112. On peut, dans le cas d'un courant rapide, placer les chevalets avec la plus grande facilité, au moyen d'une espèce de portière formée de deux nacelles réunies à l'avant et à l'arrière par deux poutrelles : l'intervalle entre les nacelles doit être un peu plus grand que l'écartement des montants d'un même bout des chevalets. On met la portière à l'ancre à l'endroit où l'on veut asseoir un chevalet ; on fait descendre le chevalet dressé entre les nacelles. On ôte les nacelles lorsqu'il est ponté.

REPLIEMENT DES PONTS DE CHEVALETS.

113. On emploiera les objets suivants au repliement d'un pont de douze chevalets.

DÉSIGNATION DES OBJETS.	QUANTITÉ.	EMPLACEMENT DES OBJETS AVANT LA MANŒUVRE.
Nacelle	1	Amarrée à la rive en aval de la deuxième culée.
Rames à nacelle . . .	5	Rassemblés par espèces et formant un dépôt de menus objets, peu éloigné de la deuxième culée.
Gaffes *idem*.	2	
Lignes.	5	
Pinces en fer	2	
Pioches	3	
Masses en bois . . .	2	
Leviers	2	
Commandes	2	

114. L'officier commandant la manœuvre emploiera un officier, sept sous-officiers ou brigadiers et soixante-sept hommes, au repliement du pont. Il les partagera en six détachements, conformément au tableau ci-après :

Numéros des détachements	Dénomination des détachements.	FORCE des détachements — Officiers.	Sous-Officiers.	Hommes.	FONCTIONS DES DÉTACHEMENTS.
1	Des culées. . . .	»	1	6	Lever les corps-morts.
2	Du guindage . .	»	1	6	Débrêler les guindages, les emporter. I.re section, de 2 hommes, débrêle les guindages. II.e section, de 4 hommes, les emporte.
3	Des madriers. .	»	2	24.	Emporter les madriers.
4	Des clamaux. .	1	1	9	Découvrir, déclamauder. I.re section, de 2 hommes, découvre. II.e section, de 3 hommes, arrache les clamaux à deux faces. III.e section, de 4 hommes, arrache les clamaux à une face.
5	Des poutrelles	»	1	10	Emporter les poutrelles.
6	Des chevalets. .	»	1	12	Emmener les chevalets. I.re section, de 6 hommes, emmène les 1.er, 3.e, 5.e, etc., chevalets. II.e section, de 6 hommes, emmène les 2.e, 4.e, 6.e, etc.
		1	7	67	

115. Les objets portés au tableau du n.° 113 seront employés par les détachements ci-après désignés :

Détachement	Section	Objets	Usage
I.er Détachement.		1 nacelle ;	
		5 rames à nacelle	équipement de la nacelle.
		2 gaffes *idem* . .	
		1 ligne	
		2 masses en bois .	pour arracher les piquets.
		2 leviers . .	
		2 commandes . .	
IV.e Détach.t	II.e Section .	2 pinces en fer.. .	pour démauder.
	III.e Section .	3 pioches . . .	
VI.e Détachement.		4 lignes, dont 2 pour chaque section.	

DÉTAILS DE REPLIEMENT.

PREMIER DÉTACHEMENT.

116. Le détachement se conforme à ce qui est dit n.° 43.

Lever les corps-morts.

117. Le détachement agit comme il est dit n.os 44 et 45.

DEUXIÈME DÉTACHEMENT.

PREMIÈRE SECTION.

Débrêler les guindages.

118. La section débrêle les guindages comme il est expliqué n.° 47.

DEUXIÈME SECTION.

Emporter les guindages.

119. La section se conforme à ce qui est dit n.° 48.

TROISIÈME DÉTACHEMENT.

Emporter les madriers.

120. Le détachement agit comme il est dit n.os 49 et 50.

QUATRIÈME DÉTACHEMENT.

PREMIÈRE SECTION.

Découvrir.

121. La section découvre comme il est expliqué n.° 51.

DEUXIÈME SECTION.

Arracher les clamaux à deux faces.

122. Deux hommes arrachent les clamaux; le troisième porte les clamaux au dépôt des menus objets.

Les deux hommes arrachent, avec des pinces en fer, les clamaux à deux faces qui fixent les poutrelles sur les corps-morts et sur les chevalets, à mesure que ces corps de support sont découverts.

TROISIÈME SECTION.

Arracher les clamaux à une face.

123. Trois hommes arrachent les clamaux; le quatrième porte les clamaux au dépôt des menus objets.

Les trois hommes chargés d'ôter les clamaux à une face qui jumellent les poutrelles, les arrachent avec des pioches, en commençant par ceux des poutrelles extrêmes et du milieu.

124. L'officier chef du détachement commande *ramenez le chevalet*, *ferme*, lorsque les lignes qui doivent servir à l'emmener sont amarrées au chapeau par une section du sixième détachement, et que le cinquième est prêt à emporter les poutrelles.

CINQUIÈME DÉTACHEMENT.

Emporter les poutrelles.

125. Le détachement se conforme à ce qui est prescrit n.os 57 et 58.

SIXIÈME DÉTACHEMENT.

Emmener les chevalets.

126. Chaque chevalet est emmené et conduit au dépôt des chevalets par les six hommes d'une section.

Ils amarrent une ligne à chaque bout du chapeau par un nœud allemand, qui embrasse le chapeau en dedans des montants. Au commandement *ramenez le chevalet, ferme*, du chef du quatrième détachement, trois hommes de la section tirent sur chaque ligne, de dessus le tablier du pont, pour renverser le chevalet et le ramener. La section le conduit ensuite, au moyen de ces cordages, en aval du pont, jusqu'au dessous de la culée, en le traînant sur le fond de la rivière, s'il y a des endroits trop peu profonds pour qu'il flotte; elle le sort de l'eau et le porte au dépôt des chevalets.

Les deux sections se succèdent pour ramener les chevalets.

Ensemble de la manœuvre.

127. Les hommes étant en bataille sur la rive, et formés par détachements, comme il est expliqué n.° 114, le chef de la manœuvre commande :

1. *Garde à vous.*
2. *Repliez le pont.*

Au second commandement, chaque chef de détachement conduit son détachement où l'appellent ses fonctions.

128. Le premier détachement place sa nacelle sous les poutrelles de la première culée (n.° 116); le deuxième débrêle et emporte les guindages (n.os 118 et 119); la première section du quatrième détachement découvre entièrement les poutrelles de la première culée (n.° 121), et le troisième emporte les madriers (n.° 120); la deuxième section du quatrième détachement arrache les clamaux à deux faces qui fixent les poutrelles sur le corps-mort (n.° 122); la troisième section du même détachement arrache les clamaux à une face qui jumellent les poutrelles des deux premières travées (n.° 123); le cinquième détachement emporte les poutrelles de la culée (n.° 125); le premier détachement lève le madrier de champ, le corps-mort, arrache les piquets de corps-mort, charge tous ces objets dans la nacelle, et la conduit sur la deuxième rive. La première section du quatrième détachement découvre entièrement les poutrelles de la deuxième travée, et le troisième déta-

chement emporte les madriers; la deuxième section du quatrième détachement arrache les clamaux à deux faces qui fixent les poutrelles de la deuxième travée sur le chapeau du premier chevalet; la troisième section du même détachement arrache les clamaux à une face qui jumellent les poutres des deuxième et troisième travées; le cinquième détachement ramène et emporte les poutrelles de la deuxième travée en même temps que la première section du sixième ramène le chevalet. Le repliement du pont continue de la même manière.

TRACÉ ET DIMENSIONS DE TOUTES LES PARTIES D'UN PONT DE CHEVALETS. *Pl. V, fig.* 19.

Le chapeau du chevalet, les montants, les traverses et les liens sont ordinairement en sapin[1].

Chapeau.

Longueur, $4^m,500$; équarrissage, $0^m,215$.

Il est entaillé pour recevoir le bout des montants.

La distance des extrémités du chapeau

1. On emploie toutes les espèces de bois pour faire des chevalets; mais on préfère le sapin, qui réunit une grande force à beaucoup de légèreté, et sert à former des chevalets faciles à transporter et à manœuvrer.

au milieu de la largeur des entailles, comptée sur les arêtes supérieures du chapeau, est de 0m,500.

L'inclinaison des montants, dans le sens de la longueur du chapeau, est en général d'un scizième de la hauteur.

La largeur des entailles est de 0m,135; elle est égale à celle des montants. Leur profondeur est de 0m,025.

Il est aussi entaillé pour recevoir la demi-queue d'hironde des liens.

Il y a, sur le chapeau, cinq lignes tracées au ciseau perpendiculairement à sa longueur; celle du milieu est au milieu de la longueur. L'intervalle entre ses marques est de 0m,875. Elles indiquent la jonction des poutrelles sur le chapeau.

4 montants.

Leur longueur dépend de la hauteur totale du chevalet; équarrissage, 0m,135.

Le haut de chaque montant ne déborde pas les arêtes supérieurs *a* et *b* du chapeau. Le montant se loge dans l'entaille de 0m,025 de profondeur du chapeau; il a un épaulement *o l* appuyé contre le dessous du chapeau.

a b c d représentant le profil en travers du chapeau, on prolonge la ligne *c d* qui marque le dessous du chapeau, et l'on prend sur cette ligne, à partir du point *d*, une distance *d e* égale au quart de la hauteur *a d* du chapeau; on tire la ligne *a e*, qui indique le dehors du montant. D'après ce tracé, l'écartement des montants à la base, de dehors en dehors, est égal à la largeur du chapeau, plus la moitié de la hauteur du chevalet.

Chaque montant est entaillé extérieurement du côté de l'extrémité du chapeau, pour recevoir la demi-queue d'hironde d'une traverse inférieure.

Le milieu de l'entaille est au quart de la longueur du montant, à partir du bas du montant.

On trace les lignes qui marquent la largeur de l'entaille, après avoir fait la demi-queue d'hironde de la traverse.

Profondeur de l'entaille, 0^m,025.

Chaque montant est fixé au chapeau par deux clous de 0^m,20 de longueur.

2 ***traverses inférieures.***

Leur longueur dépend de la hauteur du chevalet; largeur, 0^m,108; épaisseur, 0^m,040.

Chaque traverse est assemblée à demi-queue d'hironde avec les deux montants placés vers un même bout du chapeau.

Le milieu de la traverse est au quart de la hauteur totale du chevalet.

Pour former la demi-queue d'hironde, on fait un épaulement de 0^m,025 à la partie supérieure de la traverse. Le dessous de la traverse est laissé en ligne droite. La traverse conserve toute sa largeur aux extrémités des demi-queues d'hironde.

La traverse est fixée à chaque montant par deux clous de 0^m,12 de longueur.

2 ***traverses supérieures.***

Longueur, 0^m,403; largeur, 0^m,160; épaisseur, 0^m,140.

Elles sont fixées intérieurement contre les montants accouplés, du côté opposé aux traverses inférieures, leur dessus touchant le dessous du chapeau.

Deux clous, de $0^m,12$ de longueur, les fixent à chaque montant. Elles arasent l'extérieur des montants.

4 *liens.*

Leur longueur dépend de la hauteur du chevalet; largeur, $0^m,108$; épaisseur, $0^m,040$.

Ils sont assemblés à demi-queue d'hironde dans les montants et le chapeau.

Le dessous du lien prolongé va rencontrer en *f* la face du montant entaillée pour la traverse inférieure, à 0m,030 au-dessus de l'entaille. Ce même dessous prolongé va rencontrer le dessus du chapeau en *g*, à une distance *g h* de la même face du montant, égale aux deux tiers de la distance *f h* comprise entre le haut du montant et le point *f* du montant qui est à $0^m,050$ au-dessus de l'entaille pour la traverse inférieure.

Les demi-queues d'hironde du lien se terminent, l'une à $0^m,135$ du dessus du chapeau, l'autre à $0^m,055$ de la face extérieure du montant. Le dessous du lien est en ligne droite, et la demi-queue d'hironde est formée par un épaulement de $0^m,025$ pris sur le dessus du lien. Le lien conserve toute sa largeur aux extrémités des demi-queues d'hironde.

On présente le lien en place; on le coupe à la longueur marquée par les lignes auxquelles il doit se terminer; on enlève du chapeau le bois nécessaire pour que l'arête de l'extrémité supérieure du lien s'appuie contre le chapeau; on ôte à l'essette le bois du bout inférieur du lien qui empêche ce bout du lien de s'appliquer contre le montant. On fait les demi-queues d'hironde des bouts; on trace les entailles à faire dans le chapeau et le montant pour loger ces demi-queues. On donne $0^m,030$ de profondeur à l'entaille du montant et la même profondeur au haut de l'entaille du chapeau : le fond de cette dernière entaille est en pente, de manière que la demi-queue d'hironde s'applique bien contre le chapeau.

Chaque demi-queue d'hironde est fixée par deux clous de $0^{m},12$ de longueur.

Toutes les arêtes saillantes du chevalet sont abattues en chanfrein.

Lorsque le chevalet doit être assis sur un fond vaseux ou mouvant, on ajoute deux semelles, clouées à plat sous ses pieds accouplés.

Poutrelles et guindages du pont.

Longueur, $5^{m},000$; équarrissage, $0^{m},135$.

Madriers.

Longueur, $4^{m},200$; largeur, $0^{m},333$; épaisseur, $0^{m},054$.

Le pont, construit avec les chevalets, poutrelles et madriers dont on vient de donner les dimensions, peut supporter des pièces isolées du calibre de 24, attelées de huit chevaux. Si le pont devait servir au passage de tout un équipage de siège, il conviendrait d'augmenter l'équarrissage des chapeaux et des montants des chevalets.

ÉTABLISSEMENT DES BACS.

Le bateau le plus propre à être établi en bac est de forme rectangulaire; les bouts du fond sont peu relevés, et offrent des pentes commodes pour l'embarquement et la sortie des chevaux et des voitures. On fait passer le bac au moyen d'un câble tendu en travers de la rivière. Une partie de la longueur de ce cordage peut plonger dans l'eau. Un des côtés du bac, celui qui est en amont, porte deux fourches, éloignées l'une de l'autre, dans lesquelles le câble s'engage. Des hommes placés dans le bac le font passer en tirant sur le câble.

Pour établir le bac, on amarre un bout d'un câble sur la première rive à un point d'amarrage; on roule le reste de ce cordage sur le fond d'une nacelle, le bout libre en dessous. On mène la nacelle à la seconde rive, en ayant soin de filer du câble de dedans la nacelle; des hommes halent de cette dernière rive sur le câble, le tendent et le fixent à un point d'amarrage. Si le courant est rapide, on passe, comme il suit, le bout libre du câble sur la seconde rive : on amarre à ce bout du câble le bout de dessus d'une ligne roulée dans la nacelle, et l'on mène la nacelle à la seconde rive en filant de la ligne; on hale de cette rive sur la ligne pour amener le bout du câble, tandis que des hommes restés sur la première rive cèdent peu à peu de ce cordage.

Un bateau, un radeau, ou même une nacelle, ayant sur l'avant un petit mât qui glisse contre le devant d'un cordage tendu en travers de la rivière, peut passer d'une rive à l'autre par l'action du courant contre un des côtés, qu'on a soin d'incliner convenablement, et par l'effort simultané d'un ou de plusieurs hommes qui agissent sur le cordage.

Si l'on embarque des chevaux, il faut qu'ils soient placés en travers de l'embarcation.

Paris, le 23 mars 1830.

Le Ministre Secrétaire d'état de la guerre,

Signé Cte DE BOURMONT.

TABLE DES MATIÈRES.

TITRE PREMIER.

TITRE II.

TITRE III.

TITRE IV.

FIN DE LA TABLE.

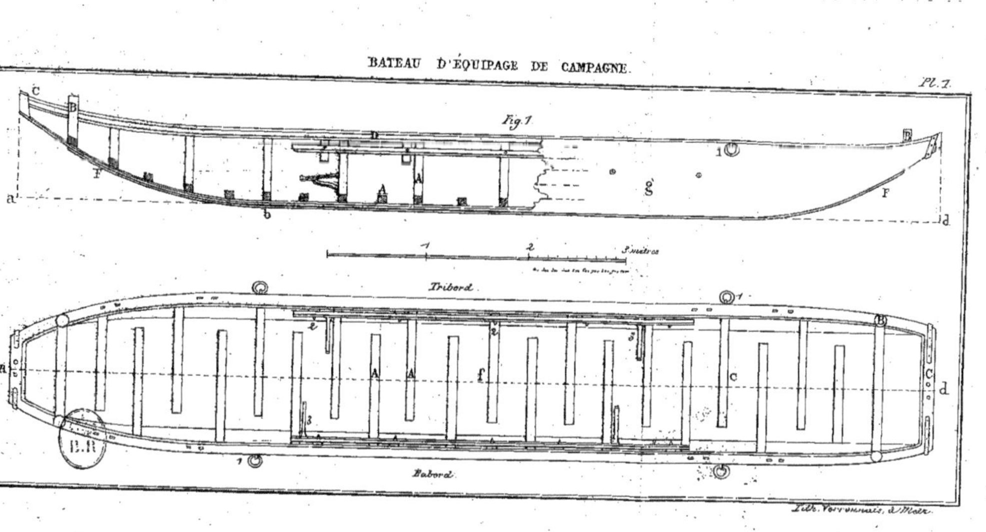
BATEAU D'ÉQUIPAGE DE CAMPAGNE.
Pl. 1.
Fig. 1
3 mètres
Tribord
Babord
Lith. Verronnais, à Metz.

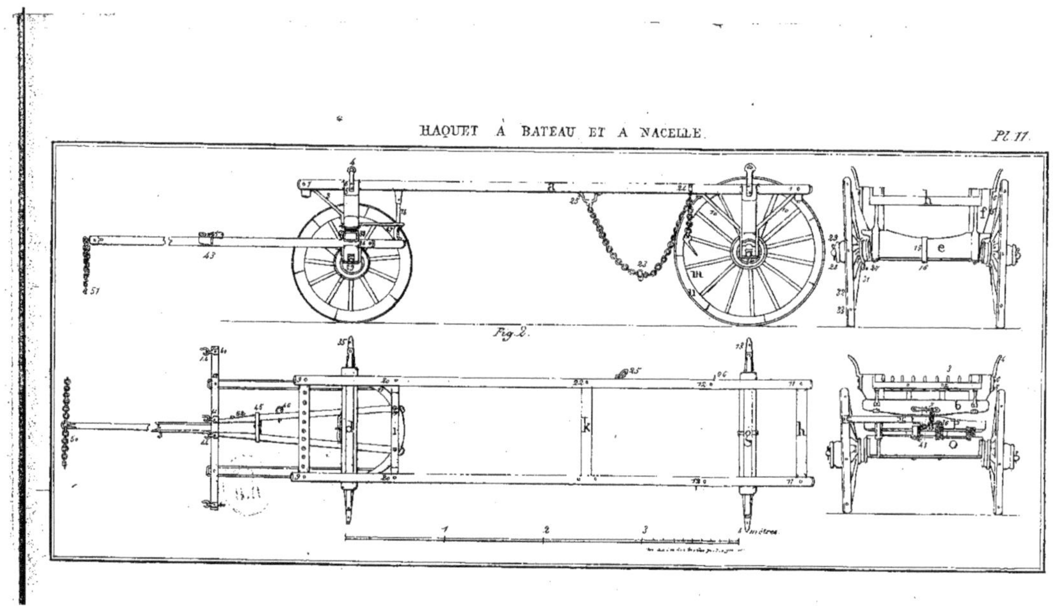
HAQUET À BATEAU ET À NACELLE.
Pl. 11.
Fig. 2.

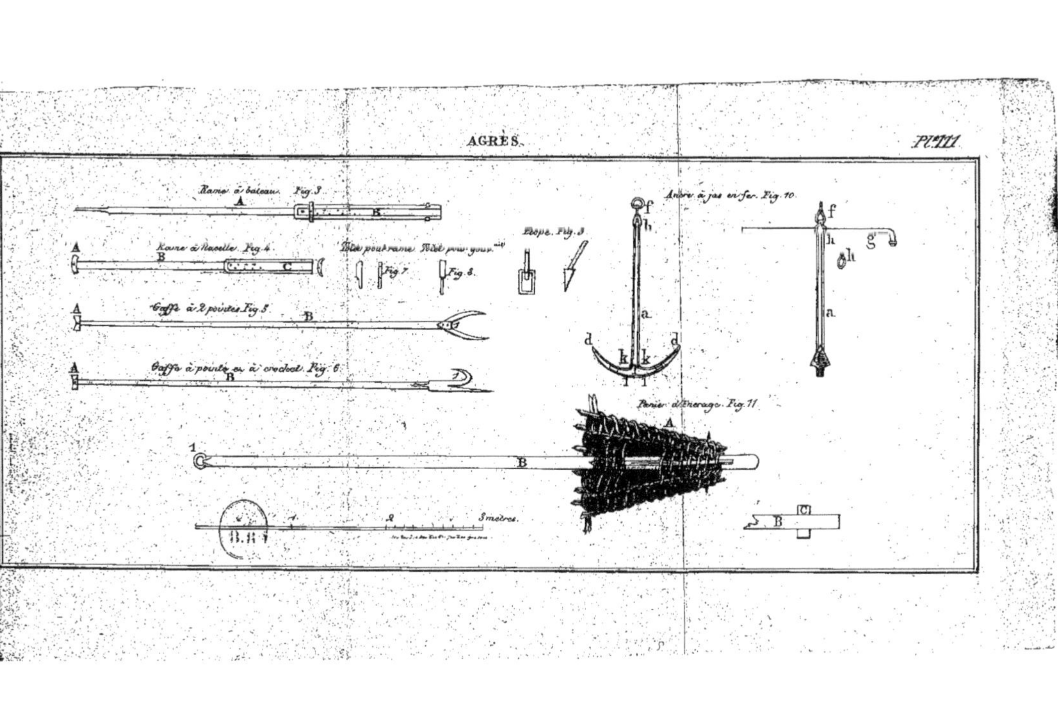
AGRÈS.
Pl. III
Rame à bateau. Fig. 3.
Rame à Nacelle. Fig. 4.
Tolet pour rame
Tolet pour gouv.ail
Fig. 7.
Fig. 8.
Escope. Fig. 9.
Ancre à jas en fer. Fig. 10.
Gaffe à 2 pointes Fig. 5.
Gaffe à pointe et à crochet. Fig. 6.
Panier d'Enrayage. Fig. 11.
3 mètres.

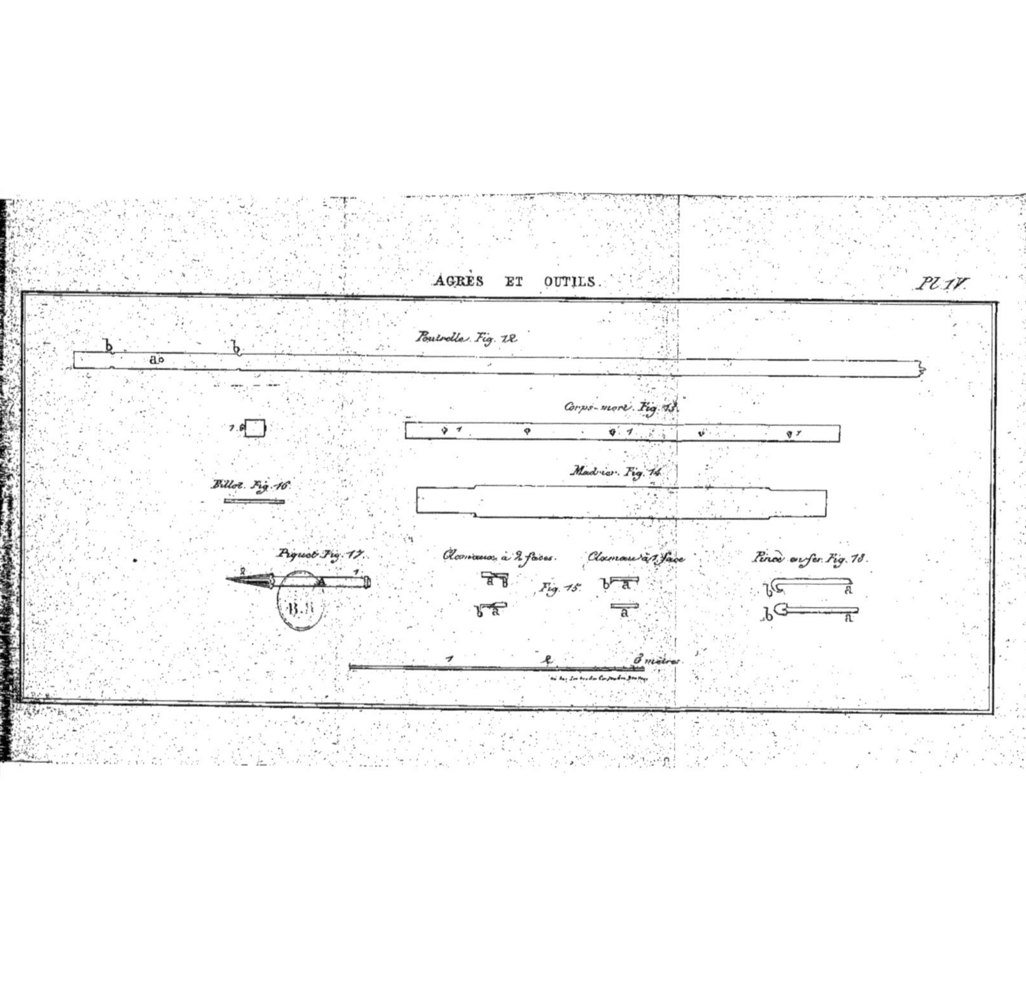
AGRÈS ET OUTILS.
Pl. IV.
Poutrelle. Fig. 12.
Corps-mort. Fig. 13.
Madrier. Fig. 14.
Billot. Fig. 16.
Piquet. Fig. 17.
Fig. 15.
Pincé en fer. Fig. 18.
3 mètres